ちくま学芸文庫

中世政治思想講義

ヨーロッパ文化の原型

鷲見誠一

筑摩書房

目次

中世政治思想講義

ヨーロッパ文化の原型

序　章　日本人にとってヨーロッパ中世とは？

ヨーロッパ中世政治思想を学ぶにさいして問題になるのは、日本人にとって、ヨーロッパの中世思想を勉強することはどういう意味があるのか、ということです。それは最終的には、ヨーロッパ文化と近代日本の文化の関係をどう捉えるかの問題になるでしょう。

近代日本の文化は、法制度、政治制度、教育制度等々においてヨーロッパ文化を受容したものです。この場合のヨーロッパ文化とは、近代日本には当然のことながら「欧米」の「米」の文化がたくさん入ってきていますが、これは何も日本が積極的に受け入れたというだけではなく、あの当時、十九世紀中頃のアメリカの、西に西にと文化を進めていこうとする彼らの文化的な勢いが、結果として日本にも及んできた関係で、アメリカの文化を強く受け入れたのです。しかしアメリカの文化というものも広い意味では、分類上はヨーロッパ文化の一つと考えられるのです。私はアメリカの文化も含めて、ヨーロッパ文化という用語を使います。

近代日本は、ヨーロッパ文化を受容することによって近代国家をつくりました。このヨーロッパ文化を受容しようとするさいの日本側の動機そのものは、ヨーロッパ文化の高尚さ・深さに憧れて、その深く高い文化を自分の文化にしようとしたわけではなく、きわめて率直に殖産興業と富国強兵をはかり、列強に中国のように侵略されてはならない、列強に早く追いつき追い越せという考えでヨーロッパ文化を受容したのです。そのいちばん典型的なモットーが「和魂洋才」であり、近代日本の初期、つまり幕末から明治にかけての人々は、そういう考えでヨーロッパ文化に接したわけです。

文化受容について、次のことを述べたいと思います。古代日本においては、仏教を受容した結果、仏教が日本人の骨肉と化したのですが、古代日本は仏教以上に優れた宗教およびそれを背景とする文化、つまり中国唐の文化以上に豊かな文化を見出すことはできなかったのです。そういう意味で、古代日本の人たちが仏教に出会いそして仏教と連結していた中国文明を受容したということは、運命的なものだったのです。このようにして仏教は古代日本の第二の自我になったわけです。

ところが時代が下ってきますと、仏教が日本に根づき、仏教そのものはあたかも日本固有の宗教であるかのごとくに、現在では第一の自我となるまでに日本人の骨肉の中に滲み込んでいます。

古代日本が仏教に出会ったと同じ意味において、近代日本はヨーロッパ文化と運命的に出会ったのです。江戸幕藩体制下の長崎の出島《でじま》という小さな穴から、蘭学、オランダの文物をとおして、ヨーロッパ文化を細々と引き入れていたのですが、日本文化の骨肉化というにはまだほど遠く、幕府の外交政策上、ごく一握りの知識人のものだったのです。

そして近代日本になって初めて、ヨーロッパ文化が日本人と運命的に出会ったのです。そして当然のことながら、動機はいろいろありますが、自分自身の文化として骨肉化しようと努力したわけです。このようにして近代ヨーロッパ文化というものが、近代日本文化の第二の自我になったのです。

明治初期以来、日本人はこの第二の自我としてのヨーロッパ文化を、自分の文化を豊かにし、深めるためにも、探求せざるをえない状態になっているわけです。つまりヨーロッパ文化というのは、近代日本の文化にとってはけっして異質なものではなく、もはや抜き差しならないもの、それを取りさってしまうと、近代日本の文化の非常に重要な部分が失われてしまうというくらい、第二の自我となっているということです。それゆえ、近代日本・現代日本というのは、自分の文化を深く知ろうとすればするほど、ヨーロッパ文化というものを知ろうとせざるをえないわけです。

明治以来日本の人たちがしようとしたことは、欧米の文化を吸収することでした。そのためにいろいろな方策、文部省派遣留学生という制度もありました。慶應義塾のように福沢諭吉という啓蒙思想家が学校をつくって、自分の思想に共鳴した学生たちを養成して全国のいろいろな分野に送り込んだ、というような方法もありました。とにかく日本人は、ヨーロッパ文化を吸収し、わがものとしようとすることで、この百数十年間、あっという間に過ごしてきたわけです。いろいろな歴史的プロセスを経ていますけれども、とにかく現代の日本人は自分自身の文化を知るためにも、ヨーロッパ文化の本質を知ろうとしなければならないということなのです。

ところが現代のわれわれがヨーロッパ文化といっているものの中核は、だいたい十一世紀から十二世紀につくられたものなのです。現代日本人は、自分自身の文化を知ろうとすればするほど、ヨーロッパ文化を知ろうとしなければならない、そしてそのヨーロッパ文化を正しく、深く知ろうとするためには、その中核が形成された十一、十二世紀以降の中世文化をしっかり把握しなければ、深く理解したことにはならないのです。これが、現代日本人にとって、ヨーロッパ中世を学ぶ意味なのです。

ヨーロッパ文化と簡単にいってしまいますけれども、それはいったいどういうものを構成要素としているかが問題です。ヨーロッパ文化を基本的に構成しているものが四つあります。第一番目はギリシアの哲学、第二番目は古代ローマの法律・政治の理念と制度、第三番目はキリスト教の信仰、そして第四番目がゲルマン人の民族的慣習。この四つが絡みあって、ヨーロッパ文化というものをつくっていると考えていいのです。もちろんヨーロッパ文化にはいろいろな構成要素が現象として現われたものがあります。この現象として現われたものを見て、これはギリシア的なるもの、これがローマ的なるものと、截然と識別はできないかもしれません。

さまざまに絡みあって渾然一体となり、ヨーロッパ文化の中にはギリシア哲学になかったような新しい哲学もできています。それからあの当時の古代ローマにはなかったような政治制度、政治理念もできています。あるいはキリスト教がそうです。古代キリスト教にはなかったようなものが、ヨーロッパ文化の中で展開したキリスト教信仰の中にはあるわけです。しかし、とにかくオリジナルには四つの基本的要素が存在するというふうに考えていいわけです。

ところで、ヨーロッパ文化の独自性というものは何かという設問が必要なのです。独自性という概念は、他の文明では生み出されたことがなくて、ヨーロッパ文化のみが創造したものは何かということです。さらに言葉をかえますと、ヨーロッパ文化の独自性とは、日本人はヨーロッパ文化から何を学ぶべきかということでもあるわけです。

この段階になると、もはやその人その人の価値判断になります。ある人は芸術的なあるものがヨーロッパ文化の独自性であるから、これを学ぶべきだというように、人により、いろいろあります。しかし、私の観点から見てヨーロッパ文化でほかのものには見られない独自で重要なものが一つあります。それは普遍的にして超越的なるものを志向する激しい意志と密接不可分な形で成立した、合理性なのです。この合理性というのは、難しい言葉になりますが、理性の方法的自覚化ということ、もう一つは理性の自覚的方法化です。これを合理性と私は定義しておきます。

ところで合理的思考とか合理的行動というものは、ほかの文明圏また原始人の間にすらありました。つまりコストを少なくして利益をたくさんあげるという行為です。あるいはリスクを少なくして安全をより確保するという行動、こういうところに原始人といえども合理的な思考があるわけです。

合理的思考は人間存在に古今東西を問わず、一般的にあります。しかし合理的思考と、理性の方法的自覚化すなわち合理性とはいささか違います。理性の活動がそれ自体で意味があり、その理性の活動を徹底的に究明していくということは、ギリシア人がなしたことなのです。これを学問といいます。

ところがこれと一見似たもので技術（テクニック、テクノロジー）があります。これは多くの文明圏で見られます。理性の活動ではありますが、技術とは、生活上に必要なある目的のために人間の理性、合理的思考を駆使して何かを完成する、追求するということです。学問というのは理性の活動そのものに意味があり、追求するに値するものであるという考えのもとになされたもので、技術とは違うのです。

たとえば天文観測技術というのは、バビロニア、中国で非常に発達しました。しかしそこでは、天文観測技術は非常に盛んになりましたが、天文学は発生しなかったのです。あるいは土地測量技術とか土木技術では精密の極みを尽くしたエジプトにおいて、幾何学や数学は成立しませんでした。これらの学問はギリシア人がつくったものなのです。

問題は、ギリシア人がなした学問の成立、これだけでは、合理性が人間生活の全体を貫通するようなものにはならないのです。人間の精神活動の全体や社会活動の根本が合理性に基づいて構築されるには、ギリシアで行われたような理性の活動の自己展開、そして理性の活動を追求することが善であるような精神的姿勢だけでは、必ずしも合理性の成立にはならないのです。

つまり人間の理性の能力を妨害したり、人間理性の活動範囲を狭めるような魔術から人間が解放されていなくてはならないのです。人間が魔術から解放されていないと、理性の完全な自己展開はありえないのです。

ところで魔術とは何かということです。人間というものは、自分たちにふりかかった災いも、自分たちに与えられた幸福も、自分自身がつくりあげたものではなくて、自分たち以外の超越的な力から与えられているものと思うのが一般的傾向です。人間の本質といっていいかもしれません。

むしろ近代人というのは科学技術に守られていて、人間が災いからまぬかれるのは科学の力、自然の猛威から保護されるのは科学の力、健康であり、命を全うできるのも科学の力、というふうに科学を信じています。現代の人間は十五、六世紀以降から始まった近代という枠の中に入った近代人ですが、技術によって災いや幸福をつくることができると考えている存在、歴史的人間類型なのです。過去の人間はそうは考えなかったのです。しかし現在でも、本質的には災いなどは、人間の理性による予測能力を超えたものであると考えるわけなのです。

さて魔術においては、超越的力、超越的存在、つまり神々が人間に災いをくだすものだというふうに考え、神々が人間に幸福を与えるものだと考えたのです。そして魔術、占いというものは、神々に対して人間が働きかけて災いを回避しようとするテクニックなのです。災いを避けよう、追い払おうとするものなのです。まだ自分たちが幸せでない段階で、神々が与えるその幸せを、自分のところへ取り込もうとするのも、魔術なのです。

換言すれば、魔術・占いとは、人間が神々の意図や力に制約を加えて災いを回避したり、幸せを自分の側につかみ取ろうとするものです。おはらいなど形はさまざまですが、人間は魔術、占いに頼りたがる動物なのです。現代のわれわれの生活の中で、自分はその種の魔術とは関係なく、自主独立の人間です、といいきれる人がどのくらいいるでしょうか？　魔術的なものが完全に排除されていると思いますか？　現代日本を見ていて、私はそうは思いません。仏滅でなく大安吉日に結婚式が盛んです。星座占いなど、若い人が熱心です。しょせん古代も現代も、魔術、占いに基本的には頼りたがるものなのです。それは人間が自分自身の人間としての能力に不安だからなのです。私はそれが正常だと思います。自分自身の能力に百パーセント安心できるというのは、狂人か愚か者です。

そういう魔術を良くないことだというので、魔術から人間を解放しなければならない、あるいは魔術を駆逐しなければならないと考えた人たちがいます。人類の歴史の中でもっとも徹底的に魔術の追放を行ったのは、ヨーロッパの十六、十七世紀です。この時代というのは、ヨーロッパの宗教改革と、その後のカトリック陣営の反宗教改革も含めて、キリスト教信仰がカトリック、プロテスタントを問わず、もっとも真剣に、個人の魂の底から受け取られた時代、これがこの二百年なのです。十六、十七世紀に、どのように魔術の追放が行われたかを考えます。

魔術の追放が徹底的に行われる宗教は、一神教なのです。多神教ではそれほど熱心に行われないのです。そして一神教でも、人格神すなわち自然神でなくしてペルソナ、人格を持った一人の神という宗教で、魔術追放が行われる傾向が強いのです。一人の人格神を人々が完全に信じ、従うときに魔術拒否が行われるのです。神以外の存在、神以外の能力を信頼することは、自分たちの信じている一神教の神に対して不誠実・無節操を意味することになるのです。

十六、十七世紀のキリスト教徒は、神を信じていながら魔術を使い自分たちの災いを回避するというのは、神の能力を拘束することになると思いました。あるいは神が誰か他の人間に与えるべき幸せを自分のほうに引き寄せるということは、神の能力を制限することになるわけです。それは、人間が神の力を拘束する、神の持つ全知全能を拒否し否定する、軽んじるということを意味します。それはまた、神を冒瀆することでもあります。

さて人格神、唯一神、一神教のところで魔術の追放が盛んになります。一つの神を信じていながら魔術に頼るということは、自分の信じている神以外のほかの力を頼ることになるし、信じている神に対して不誠実・無節操にもなると同時に、今度は信じている神に魔術をかけるということは、神を自分という人間のレベルにまで引き下げることになるわけです。

一神教において信仰が高まれば高まるほど、自分の信じている神を大切にするから、魔術というものは教義、自分の信仰に反するわけです。ですから魔術を排除していくわけです。魔術の排除はヨーロッパの十六、十七世紀にいちばん徹底的に行われましたが、それ以前にはイスラエル人の宗教すなわち旧約聖書に書かれている宗教も、魔術を徹底的に禁じていました。

旧約聖書においては、ヤハウェ神が、イスラエルの民たちに自分以外の神を礼拝してはいけないといっているわけです。自分に魔術、占いをかけて何かを引き出してはいけないと厳命した宗教なのです。そして旧約聖書の文化圏からキリスト教が生まれます。その、キリスト教と俗にいわれる宗教でもいろいろあるのですが、とくにヨーロッパ・キリスト教で魔術の追放が盛んだったのです。

このヨーロッパ・キリスト教をラテン・キリスト教といいます。それは信仰の教義・教理をラテン語で記述展開したからです。現在ヨーロッパのキリスト教というのは、このラテン・キリスト教をいいます。ヨーロッパ・キリスト教とラテン・キリスト教は、まったく同じ意味で使います。ほかのキリスト教、たとえばコプト・キリスト教とかアルメニア・キリスト教とかギリシア正教とかいろいろあるのですが、ラテン・キリスト教でおもに魔術の追放が行われ、その世界で合理性というものが確立されていったというのが歴史的事実です。この歴史的事実を文化史的に説明していきます。

なぜラテン・キリスト教で魔術の追放が遂行され、合理性が定着したかということですが、これは小アジア、東地中海沿岸で発生したキリスト教が、ローマを通ってアルプス以北に行くプロセスで、信仰と理性を調和させることに苦闘してきた宗教だからなのです。

理性というのはギリシア哲学に由来しています。信仰というのはキリスト教に由来しています。ラテン・キリスト教というのは、信仰と理性の調和あるいは信仰が主で理性が従であっても、絶対に切り離さないで信仰生活を維持しようと努力してきた宗教です。こういうところに合理性が成立するという初源的状況が生まれたわけなのです。中世になり、宗教改革が起こり、近代に、と歴史は続いていくのですが、そのプロセスで合理性は定着していきました。西ヨーロッパで合理性が定着したという歴史的背景は、こういうところにあるのです。十六、十七世紀の魔術を駆逐する時代の準備段階として、中世のヨーロッパを見るというのが私の歴史観なのです。

ゲルマン民族は古代からアルプス以北のヨーロッパ大陸の西半分を占拠していました。ゲルマン民族は、自分たちに固有の宗教を信じていたわけですが、アルプスの南からキリスト教の宣教師が入り、あるいは西方のアイルランドから宣教師が入ってきて、キリスト教化されていきました。しかしそのプロセスでキリスト教も相当ゲルマン化してしまい、中世に入ってきたのです。ゲルマン化されたキリスト教というのは、魔術の駆逐が完全ではないキリスト教の形で中世期を過ごしてきました。

それにもかかわらず、キリスト教中世というのは、合理性の発生という方向に向かって少しずつ動いていきます。彼らの信仰生活が、キリスト教信仰と理性を調和させようと苦闘しているラテン・キリスト教であるという意味においては、ゲルマン化されたキリスト教とはいえ、合理性というものを信仰とは切り離さずに歴史の中を歩いてきたわけです。

さらに、彼らの信仰していたラテン・キリスト教とは、自分たちの狭いサークルだけに通用する隠語で伝えていくという密儀宗教ではありません。神秘宗教ではないのです。聖書という、ひじょうに定義の明快な、しかし解釈はいろいろに分かれましたが、言葉に書かれた聖書というものが信仰の基準だったのです。換言すれば、キリスト教は本質的に普遍的宗教なのです。この場合「普遍的」という意味は、「いつでも、どこでも、誰でも」、信じようと意志する者は受け入れられるということです。部族の枠、都市国家の枠、身分の差を越えて、キリスト教は人類全体の救済を教義の本質としています。

時代が下がって、教会制度というものがつくられます。たんなるグループに分かれないで、教会という全ヨーロッパにまたがる組織になります。教会組織を合理的に運営する人員(聖職者)を養成し、そして合理的に運営するルール(教会法)をつくって、自分たちの宗教を次の世代に渡し続けていった宗教だったので、ほかの宗教より合理性があったわけです。十六、十七世紀のラテン・キリスト教に比べれば、中世のキリスト教は合理性は少ないですが、それにもかかわらず、合理性に向かっての歴史の歩みを始めていたという意味において、ヨーロッパ中世、そしてヨーロッパ中世キリスト教の意味があるのです。

私は、ヨーロッパ文化の固有性というのが合理性であり、それは何もマックス・ウェーバーがあの有名な『プロテスタンティズムの倫理と資本主義の精神』という本の中で明確にしたような十六、十七世紀だけではなく、それ以前から合理性への方向づけは、ゲルマン・キリスト教ですでに中世において行われていたという考え方を、本書の通奏低音として位置づけたいと思います。

もちろんマックス・ウェーバーもこの著書の中で、十六、十七世紀の人たちの禁欲というのは世俗内的禁欲、といいました。魔術を駆除して神以外のことには脇目もふらない態度を、世俗の社会の中で全体の人々がしようとしたという意味で、ウェーバーは社会学的に定義して、世俗内的禁欲といったのです。それと同時に中世では禁欲は修道院の中で行われていました。これを修道院内的禁欲といいます。歴史の流れでいえば、修道院内的禁欲から世俗内的禁欲へ、とウェーバーは同書の中でいっているのです。

第Ⅰ章

ヨーロッパ・キリスト教的政治圏の成立

シャルルマーニュにゆかりの深いアーヘンのドーム（著者撮影）

ヨーロッパ中世はキリスト教的政治世界として成立・発展しました。ヨーロッパ・キリスト教的政治圏の成立ということで「キリスト教的」という言葉を使った意味は、ここに住んでいる、この政治圏に住んでいる人々すべてがキリスト教徒であるとか、すべての人々が正しいキリスト教信仰をしているという意味ではなくて、政治文化のあり方が、宗教としてのキリスト教的な様相を呈している、政治文化のさまざまな要素がキリスト教的な色彩に彩られているという意味なのです。ですから、けっして人々が信仰的にすべて敬虔であるというようなことをいっているのではないのです。西ヨーロッパ文明圏というものの文化的特徴をいくつかあげてみよといわれると、オリエントやイスラムの世界に比べれば、たしかに宗教はキリスト教であるというのが当然のことです。

1　権力正当化原理としてのキリスト教

政治学的にヨーロッパ・キリスト教的政治圏の成立というものを述べるさいに、何がいちばんポイントになるかというと、政治権力を正当化する原理としてキリスト教が機能したということです。政治権力の正当化原理としてのキリスト教です。この問題が、この第Ⅰ章で扱われるべき主命題なのです。そういわれると、たぶんあなたがたは、シャルルマーニュの西ローマ帝国復活というふうに思うでしょう。西暦八〇〇年のクリスマスにシャルルマーニュがローマで、ローマ教皇から西ローマ皇帝の冠を授けられたという、あのエポック・メイキングなことを連想するわけです。しかし私はそこから始めるつもりはなく、それ以前にピピンのクーデターが七五一年にあるのですが、そこから始めます。そこから政治思想史的には意味があると、私は解釈するのです。

しかしそれよりも前に、政治学的に説明しておかねばならないことがあります。つまり正当化原理の問題です。この正当化原理に関しては、いちばん古典的にその定義をしたのはマックス・ウェーバーです。かの有名なマックス・ウェーバーの「支配の三類型」というものがあって、第一が合法的支配、第二が伝統的支配、第三がカリスマ的支配といっているのですが、まさにこの「支配の三類型」は、少なくともヨーロッパ政治文化を説明するにあたってはいちばん適した枠組みなのです。

では、支配とは何かということに軽く触れておきましょう。「支配の三類型」というさいの「支配」は、こういうふうにいわれます。人々は、ある特定の人ないしは集団に従順になるには動機がある、ということです。その時のさまざまな動機というのは、多くの人々が「あの人のいっていることは正しい、ゆえに従う」ということもあるでしょうし、「あの人の心の中にはひじょうに信仰深いものがあるから、私はそれに従う」、あるいは「あの人のいっていることはひじょうに学問的に正確だから、あの人に私は従う」、あるいは「あの人はなかなか立派な家柄の人だから、私はあの人のいうことに従う」というようにいろいろな形があります。とにかく従順さの動機というのはたくさんあるわけですが、多種多様な文化によってそれは異なります。

従順さのさまざまな動機のいちばん極めつきは、「あの人に逆らうとぶっ殺されるから私は従う」というものです。つまり、物理的強制力による支配ということです。「あの男はひじょうに暴力的で、あいつのいうことに逆らうとぶんなぐられて痛いから、彼のいうことに嫌々ながら従うんだ」ということです。これは政治理論史の歴史でいえばひじょうに有名な話で、アウグスティヌスがその著『神の国』において「政治権力というものは、強盗団が一定の地域を支配する（ようなものだ）」というういい方で国家権力の説明をし、その後に有名なエピソードをつけ加えます。アレクサンドロス大王が、地中海を荒らしまわっている海賊をとっつかまえて自分の面前に引き連れてきて、「なぜそんな愚かで悪いことをするのか」と海賊の親玉にたずねたところ、その親玉が笑って、「私はたまたま小さな悪いことをしたから海賊としてとがめられるが、同じことを大仕掛けにしているあなたは皇帝として賞賛される」といったのです。この海賊、なかなか政治学的に洞察力のある人です。つまり、支配というものの根底には暴力があるということなのです。政治権力の本質をついているわけです。

しかし問題は、政治学はここで終わらないのです。政治哲学、政治思想はここから始まるのです。というのは、いまいったような形での支配はきわめて不安定であるし、きわめて脆弱なのです。つまり、暴力でもって支配を続けていくというのは、並々ならぬエネルギーとコストがいるのです。いつ不満が噴き出してきて支配者を打倒するかわからないのです。支配者の力が弱くなったら打ち倒そうと密かに考えている人々が、被支配者の中にたくさんいるわけです。ですからそれらの人々を暴力・物理的強制力で押さえつけ、黙らせておくには、すごいエネルギーとコストがいるのです。そうであるならば、支配者側としては自分の支配を維持していくさいに、いちばんエネルギーとコストの少ない安定した状態をつくり出すことが必要なのです。そういう意味で支配というのは、正当性によって被支配者の心の底から、すなわち内面的に支えられるということをつねに要請するわけです。正当性によって内側から支えられるということが、コストを少なくし安定性のある支配になるのです。つまりこれを敷衍《ふえん》していうと、多くの人々が「あの人は正しく、秀れた人である、ゆえに私はあの人のいうことに従う」ということです。つまり支配者に対して、被支配者が内面的信従を捧げるということです。換言すれば、支配者の指示・命令を、被支配者はあたかも自分自身が作成し、自身に課した行動原理であるかのごとくに受け取る、ということです。正当性というのはそういうことです。ある一つの文化領域の中で、支配者は被支配者から「あの人には正当性があるんだ」という信仰を抱かれなければいけないわけです。被支配者から支配者は、正当性を持っているという信仰を抱かれることで、初めてその支配は安定的になるのです。

いちばん話がわかりやすいのは、第一番目の合法的支配です。現代のあなたがた日本人が住んでいる政治形態は、合法的支配です。これはどういうことかというと、日本でいえば、日本国憲法で定められたところに従い、正当に選ばれた行政府が統治行為をしているから、われわれはその憲法に基づいて「この政府のやっていることは正当性がある」と認めるわけです。あるいはもっと極端にいえば、この行政府の官僚、あるいは取り調べる検察庁、事件を裁く裁判官など司法部の官僚でもいいです、官僚のやっている行為は、ちゃんと憲法から行政法、公務員服務規定に基づいて合法的にやっているがゆえに、われわれは彼らの行動は正当であると信ずるわけです。この合法的支配というのは、日本のみならず近代国家がほぼこの形式を有しています。ですからこれは、制定された規則に服従がなされているといってもいいと思います。

次に、本章のテーマに即して、第二番目の伝統的支配について申し上げます。この伝統的支配はどういうことかというと、昔から存在する秩序と支配権力とに神聖性が存在すると信ずる信念に、この伝統的支配は基づいております。この政治秩序、この支配権力は昔から存在しているがゆえに正当なのであるということです。まさに、昔からという伝統です。家代々、日本の天皇制などというのは、そういう伝統的支配の一つです。

いまいっていることのもっとも純粋な形は、家権力の支配、しかもその家を束ねている家父長の支配です。その家父長に対して、家の古老、子ども、娘であれ、あるいは家の中に使われている下僕であれ、そういう人たちがご主人様に服従するというのも、利益というものを背景にしてはいますが、家代々のあの伝統に神聖性があると、服従する正当性があると、支配する正当性があるという考えによります。

そしてこの伝統的支配には、家父長的な構造とともに身分の高低、貴賤という身分的構造が存在します。この身分というのは、主人（主君の身分）と、下僕（家臣の身分）には上下の差があるという意味です。そういう意味ではこの伝統的支配というのは、まさに封建制の典型的な形でして、われわれ日本人には理解しやすい支配体系の一つなのです。封建制すなわち江戸幕藩体制、それ以前の室町、それ以前の鎌倉です。ご存じのように西ヨーロッパと日本は、どういうわけか影響しあうことなく封建制という支配形態を東西でつくりあげたのです。これはひじょうにおもしろい歴史の偶然です。

第三番目、カリスマ的支配です。「カリスマ」（元来はギリシア語）とは、神が賜物として特定の人物に特別に与えた才能・有徳性などの、常人にはないもののことです。カリスマ的支配とは、ある人の神聖性と、その人によって示されつくられた秩序の神聖性に対する従順さ、帰依《きえ》によって成立する支配体系です。つまり、ある人が神聖である、そしてその人のつくった社会秩序、権力秩序も神聖である、ゆえに私はその人、その秩序に帰依して、その人のいうことに従おう、その人のつくった秩序の中では自分は従順でありたい、あるべきである、というふうに思うわけです。あるいはこの神聖性だけではなくて、ある人の英雄的力、並はずれて模範的な美徳、能力、そういうものに対する帰依です。

しかもこの帰依というものが、まさに非日常的に行われるわけです。毎日毎日ありきたりのやり方でなされるのではなくて、その神聖性とか英雄的な力とかいったものに対して、日常では考えられないような熱心さでもって、あるいは歴史の多くの時間の流れの中では考えられないような突然起こった深さ、広さで帰依が行われる場合に、カリスマ的支配がなされるのです。

現代人は合法的支配というひじょうに合理的な文化の中に住んでいますから、このカリスマ的支配というのは、あまり自分たちには関係ないと思うかもしれませんが、じつをいいますと、アメリカ合衆国の大統領制というものはカリスマ的支配の一類型なのです。もちろん、アメリカ憲法に基づいて制度化されている大統領制というものは、憲法によって維持されていますので、当然、合法的支配の類型にも入ります。しかし、大統領候補のいく人かの中から一人の大統領を選ぶというさいの、一般投票者、支持者の選挙運動と最終的な投票行動というのは、個々の候補者の政治的魅力に対する帰依なのです。そういう意味でアメリカの大統領選挙制を見てみると、このカリスマ的支配という類型の一側面がみられるわけです。

いまいったカリスマ的支配の純粋な形は、予言者とか軍事的英雄とか偉大なデマゴーグによる支配、そういうところに見られるのです。これはどういうことかというと、指導者個人に対して、彼の個人的で非日常的な能力のゆえに服従が捧げられるのであって、彼の制定法上の地位とか伝統的な権威のゆえに捧げられるのではないのです。つねに、個人的な非日常的な並はずれた能力、軍事的な勝利に対してなのです。いまいった意味では、カリスマというものが実証されるあいだだけ服従がなされるのです。ある個人の支配者がカリスマを示して、被支配者たちが「あの人は自分たちにはない特別なカリスマを持っているな」と思っているあいだだけ、支配が成立し服従がなされるのです。だから、カリスマを実証することができなくなってしまうと、その支配者は追い払われるわけです。

もっと具体的にいうと、さきほど軍事的英雄による支配とか偉大なデマゴーグによる支配とかいいましたが、軍事的英雄が大群の敵を少数の自分たちの陣営で破った——それを続けているあいだは、勝利を続けているあいだは、その軍事的英雄に服従が捧げられるのです。ところが、負けた場合とか、あるいは内部にクーデターが起こって、本当はその人にカリスマがないのではないかと疑われるような事態が生じたときに、このカリスマ的支配というのは揺らぐか、崩壊してしまうわけです。

あるいはまた、カリスマ的支配が続いているときに、大地震が起こって全国的に人々の生活が崩れたとか、大水害、いなごの大群の襲来、こういうようなことでもカリスマ的支配の基盤は揺らぐのです。つまり、その支配者が持っている非日常的な偉大な力でもって、自分たちの住んでいる社会が安定していると考えられていたところ、予想もしなかったような突然の大地震、大水害、いなごの大群の大襲来などが起こると、被支配者の中から支配者の持っているカリスマに対する信仰が揺らぐのです。ゆえに、カリスマ的支配が危なくなるということです。

このカリスマ的支配には、じつはいろいろなカリスマがあります。しかし中世政治思想で予言者とか軍事的英雄とか偉大なデマゴーグといったカリスマは、それほど出てこないのです。やはり中世はなんといっても伝統的支配です。

しかし問題は、正当的支配の三類型は、けっして一つの政治権力が、この三つのうちの一つだけにしか妥当しないということではなくて、一つの政治権力は合法的支配とカリスマ的支配をミックスさせたようなものとか、伝統的支配と合法的支配をミックスさせたような、あるいはまた伝統的支配とカリスマ的支配をミックスさせたような形で支配が行われているのです。ですから明らかに、ウェーバーが支配の三類型といった場合は、理念型をいっているのであって、けっして現実にある姿を抽象化していっているのではありません。理念型として抽象化しています。

ところでヨーロッパの中世を理解するさいに重要なものとして、二つのカリスマがあります。それは、「血のカリスマ」と「官職カリスマ」ですが、これをいまから申し上げます。

血のカリスマというのはどういうことかというと、ある特定の家の人間は、その体内に流れている血に神聖性があると信じられるカリスマ性です。ある支配者およびその家族たちの間には、自分たち被支配者たちとは違う神聖な血が流れていると信じられている政治神話です。それを血のカリスマといいます。

本来なら、非日常性を重視するカリスマ的支配と、日常性の継承と伝達を重視する伝統的支配とはもっとも矛盾する支配類型なのです。ところが、血のカリスマというのは代々世襲性で、その血縁関係の人が続けていくわけです。そうすると、これは明らかに伝統性につながっていきます。最初の第一代がひじょうに優れた予言的能力でもって支配者になったとか、ひじょうに優れた軍事的英雄としてカリスマ性を認められて支配者になった、そうしたら、その息子とか血縁関係の人が第二代の支配者になった、そして第三代、第四代と続けていくにしたがって、そこにいる被支配者たちは「あの初代の支配者と血縁関係にある人たちには、支配者としての特別の血統がある」というふうに信じられるわけです。天皇制がそうです。それから徳川幕藩体制でいったら、将軍家がやはり血のカリスマ性のわけです。そういう意味で、血のカリスマ、血統ということです。まさにこの「血統」の「統」という言葉にこだわるとするならば、カリスマ性が伝統性に転換していくわけです。

第二番目の官職カリスマとはどういうことかというと、中世でいちばんよく出てくるのはローマ教皇の職位なのです。ローマ教皇の職位の神聖性なのです。このローマ教皇の職位がなぜ官職カリスマかといいますと、以下のような歴史的事情があります。

まず、ローマ教皇は、第一代のローマ司教である、キリストの十二弟子の一人のペテロに始まるといわれています。キリストはこのペテロに教会を建設する権威と能力を与えた、と人々は考えました。そして第一代のローマ司教がペテロで、第二代、第三代と続いてきて、連綿と西ヨーロッパのキリスト教圏において、血筋は続かないけれども正式な手続きでもってローマ教皇に選出された人は、ペテロの後継者として神聖である、普通の人とは違うカリスマを持っていると信じられたのです。

キリストの弟子のペテロがキリストにいちばん近い存在であるがゆえに、キリスト教文化圏の中ではペテロがいちばん人間としては偉い存在である、だから、ペテロに対するカリスマをキリスト教徒たちは認めた。そして、そのペテロの後継者たちにも、ペテロのカリスマは伝達されていると信じられているのです。ラテン・キリスト教の中世文化とは、ペテロが持っていたカリスマが、「ペテロの座」つまりローマ教皇の座に着いた人に継承されているというふうに信じられた文化なのです。

言葉をかえていうと、ローマ教皇の位というのは、官職とみなしていいわけです。つまり、ローマ教会という組織の中の最高位の存在で、その位に就任した人間はすべてペテロが持っていたカリスマを継承する。ですから、人間個人に主観的にカリスマがあるのではなくて、その職位に客観的にカリスマがあるのです。官職にカリスマが付いているのです。あの官職に就いたがゆえにカリスマがその人に付与されるという、そういうものの考え方です。つまり、官職カリスマを持っている、ペテロのカリスマを持っているいまのローマ教皇が死んで、次の人が選挙によって正式に選ばれてローマ教皇に就任したとするならば、まさに普通の凡人だった人が、正規の手続きを経て選ばれてローマ教皇になって、ローマ教皇の座に着いたとたん、ペテロのカリスマがその人に付与されるというふうに信ぜられるのが、ローマ教皇のカリスマ性なのです。

ヨーロッパ中世では、このペテロの座という言葉に示される官職カリスマの正当性は疑われませんでした。とくにローマ教皇と対決したドイツ皇帝すらも、ペテロの座というものの神聖性を否定するものではなかったのです。むしろ、神聖なるペテロの座に着いているローマ教皇が悪しきことをやっている、不都合なことをやっている、非合法な行為をしているということで批判し、自分のドイツ皇帝としての行動の正当性を証明するのです。論争点はそういうところにあるのであって、ローマ教皇の位そのもの、地位そのものが揺さぶられるということは、十五世紀の公会議運動になるまでなかったのです。

もちろん宗教改革に突入してくると、ローマ・カトリック教会から離反したプロテスタントの人たちは、ローマ教皇といえども普通の人間であるということで、客観主義には立たず主観主義に立って、どういう官職に就いたからとか、どういう地位に就いたからその人に聖書解釈の正しさがあると考えるのではなくて、聖書解釈の正しさはその人の良心と理性の問題だというふうに考えていくのが、宗教改革の人たちの主張なのです。ですから、官職カリスマというのは客観主義なのです。人々は、客観的に存在する、ある地位に就任することによって、昔からその地位に就いていた人のカリスマが、新しく就任した人に客観的に伝達されると考えたのです。

さて、これまで述べてきたように、中世ではまさに、政治権力に正当性を付与するのはキリスト教なのです。キリスト教から権力の正当性が付与されるということに、中世の政治文化の特徴があるのです。ヨーロッパの長い歴史の中で、ギリシア・ローマはまだキリスト教が一般的ではない時代ですから、権力の正当性というのは別のところから付与されていました。正確にいうと、とくにギリシアの政治哲学では、権力の正当性というのは問題にされなかったのです。良い政治、悪い政治というのが問題にされたのであって、正当な政治権力、不当な政治権力という問題は起こらなかったのです。
正当性の問題が政治権力に問われて、それが服従の問題につながってくるのが中世からです。ヨーロッパ政治思想のおもしろさというのは、そういうところにあるのです。この正当性の提供者がキリスト教で、提供を受ける政治権力はキリスト教との関係をどうしたらいいかを思考して、自分の政治的正当性を実証していこうとするわけです。じつをいうとウェーバーの支配の三類型というのは、本章でいちばん中心的なことでもあります。これを前提にして、これからピピンのクーデター（七五一年）とシャルルマーニュの西ローマ皇帝の就任（八〇〇年）という歴史的事実の政治思想史的意義を問題にしていきます。

ピピンのクーデター　ピピンのクーデターにいたる歴史的推移を述べながら、問題の所在を明らかにしていきましょう。フランク王国のメロヴィング朝は六三〇〜六三二年頃を境に衰退しはじめました。王は代々、ゲルマン神話に基礎をおく血のカリスマ原理に基づいて、王家の血統の継承者から選ばれていましたが、未成年の王が続きました。ところがゲルマン人の王という存在は、戦士集団の統率者なのです。それなのに未成年者の王というのは、リーダーシップに欠け、統治能力のない、名ばかりの存在だったのです。その結果は、ガリアの無政府状態です。

ここにピピンが宮宰として登場してきました。ピピンの権力基盤は、彼がベルギー地方の大土地所有者の家柄だったので、彼の周辺に集まる北方系の貴族階級にありました。宮宰職は正式の王位と並存する、実際に統治行為を行う一種の王位でした。六八八年にはピピンのカロリンガ家は王国全体を支配下におき、王位は貴族階級がもてあそぶ道具にすぎませんでした。

七三七年にテウデリッヒ四世が死去して以後、宮宰カールは国王を擁立せずに、事実上フランク王国を統治してきました。彼の死後二人の息子が宮宰となって統治しますが、反乱が勃発し、それを鎮圧するために空位だった王位にヒルデリッヒ三世を擁立しました（七四三年）。宮宰ピピンは七五一年に二人の高位聖職者をローマに派遣し、ローマ教皇ザカリアスに以下の事柄をたずねさせました。「いずれが王冠をかぶるべきか——王の称号を持っている者か、王の諸権利を実際に行使している者か。」前者がヒルデリッヒで、後者がピピンであるのは明白です。そして教皇ザカリアスは、実際に王の権利を行使している者が王冠をかぶるべきであると回答しました。そこでピピンは、ヒルデリッヒを修道院に幽閉し、みずからが王位に即きました。カロリンガ王朝の成立です。

この歴史的出来事で浮き彫りになった政治思想的意味を述べましょう。

（1）ローマ・カトリックの信仰を受け入れた人々がゲルマン人の中に多数存在するようになり、その人々がローマ教皇の信仰的・道徳的権威を認めるようになってきたことです。それゆえに、ピピンがゲルマン神話に基づく正当性を持つ王を放逐してみずから王位に即いても（過去にその種の行為をした者は処刑されました）、ピピンの行為をローマ教皇が正当化したから、ゲルマン人の政治的有資格者たちもピピンの王位を承認したのです。

つまり、ゲルマン人の政治権力正当化原理が、ゲルマン神話からローマ教会のキリスト教に転換したわけです。ピピンは、これまでの正当な王位保持者（メロヴィング家）を追放したのですから、同じ正当化原理（ゲルマン神話）で自己の王位を正当化することは不可能です。どうしても別種の権威を正当化原理としなくてはなりませんでした。それがローマ教皇だったのです。

（2）政治的紛争の仲裁者、調停者としての権威と資格をローマ教皇が保持していると人々が認めはじめたことは、のちのヨーロッパ政治思想に大きな影響を与えました。

七五一年はフランク人の王家（カロリンガ王朝）とローマ教皇との同盟が成立した年として、歴史の流れの大きな転換が達成された年でありました。以後の歴史はこの線に沿って進んだのです。

2 キリスト教社会の成立――西ローマ帝国の復興

シャルルマーニュ（カール大帝）というと、八〇〇年のクリスマスの日に西ローマ帝国を復活させた人というふうに記憶があります。そういう人として覚えていることは、それでいいのですが、政治思想史的にはどういう意味があるかということを、本書では学びたいのです。シャルルマーニュの統治は、いろいろな点で父親ピピンの統治したものの完成なのです。父親のオリジナルなものを息子シャルルマーニュが完成させたということです。シャルルマーニュがどういう信仰の持ち主であったかということについては、そんなに詳しい資料はないのです。

しかしシャルルマーニュは、とにかくローマ教会に対する尊敬の念を、いろいろと政治の次元において示していたのです。ペテロの後継者としてのローマ教皇に対して、政治支配者としてのシャルルマーニュは保護を与えております。それにもかかわらず、父親ピピンがローマ教皇に示したような服従を捧げることはありませんでした。逆に、キリスト教の教義の問題で、ローマ教皇に指図をしたりというような行動もありました。世俗支配者が宗教の問題に関して指図をするというのは、じつは近代人から見ると越権行為に思えるのですが、八世紀には、それは別に不思議ではありませんでした。

彼は七九六年にこういう書簡を教皇レオ三世に出しています。「余は、全キリスト教徒の支配者にして父、国王にして聖職者、首長にして教導者である」という自己定義をしているのです。そういう意味では、自分の地上の権力、この世における権力と、ローマ教皇の持っている霊的権威との境界線を引いて、ローマ教皇の守るべき領域あるいは進むべき路線というものを、シャルルマーニュの側が設定しているわけです。つまり、いままでフランク王国の国王たちが代々自分の尊称として名乗っていたものに「ローマ人の保護者」という尊称がありますが、シャルルマーニュは自分はそれだけではないと考えたわけです。「キリスト教の保護者」と考えるようになったのです。「ローマ人の保護者」というレベルから、「キリスト教の保護者」という尊称をみずからに奉って、よりいっそうの権威を示していたのです。

じつをいうと、ローマ帝政の遺風が残っている政治文化圏では、「ローマ人の保護者」という尊称は権威のあるものだったのです。しかしそんなことがもはや尊称ではなくなって、「キリスト教の保護者」というほうが人々の尊敬を集められるというふうに政治家は判断して、そういう形の尊称を自分につけるようになる。これは何かというと、キリスト教を信ずる人たちが多くなったということです。キリスト教は良い宗教で、それを信じていることはいいことだ、というふうに人々が思う、そういう人々がいるからこそ、政治家としてのシャルルマーニュも「キリスト教の保護者」という尊称を自分につけることが政治権威を増すことである、というふうに判断したわけです。ですからこういうところで、宗教の問題と政治権威の問題が相互に引っぱりあっている、相互に関係しあっているということがよくわかるのです。

さて、時のローマ教皇レオ三世は、帝国再興を構想します。これは、東ローマのビザンツ帝国があるにもかかわらず、なぜローマ教皇が西ローマ帝国を再興することが自分にとってメリットか、というその問題につながっていくわけです。じつはローマ教皇は、たんに帝国の西半分に帝国を再興するということを考えたわけではないのです。もし西半分に帝国を再興するということだと単純に考えると、ビザンツにいる皇帝をローマに呼び戻すことになるわけです。それは、昔どおりに、ローマ教皇がローマ皇帝の影響下に入るということを意味するわけです。ですから、西ローマ帝国を再興するということは、たんに帝国を復興するということではないのです。ローマ教皇としては、せっかくビザンツの東に皇帝権力が移っていて、ローマ教皇を制約する皇帝は一人もいないというこの状況のほうが、自分にとっては有利なわけです。政治と宗教の面において、いまいったようなことは愚策なわけです。

それでは、ローマ教皇が帝国復興を意図した賢い政策とはどういうことか。それは、「ローマ皇帝のローマ」ではなくして、「聖ペテロのローマ」に栄光を与えるために西ローマ帝国を復活させるというのが、ローマ教皇レオの政策なのです。つまり、ローマというのは教会の中心なわけです。シャルルマーニュが「自分はその聖なる兵士である」と宣言した、あの教会の中心がローマだったのです。八世紀の終わりくらいには、西ヨーロッパ全体の中でのキリスト教の中心はローマであるというふうに、すでにローマの宗教的権威が確立していたのです。

ですから、宗教の中心であるローマに西ローマ帝国を復活させることによって、宗教的な権威プラス政治的な権力の裏打ちをして、いやがうえにも西ローマ帝国、あるいは西ヨーロッパというものをビザンツに対抗させた形で、このローマ教会というものを位置づけたいというのが、レオ三世の意図なのです。レオ三世が八〇〇年に西ローマ帝国を再興させたのは、宗教的な意図を背後に含めた政治的政策であると同時に、政治的な意図、政治的な様相を呈した宗教的意図の追求でもあるわけです。だから、政治と宗教、二つが一つになっている形の行為だったといえるのです。

シャルルマーニュの側から見るとどういうことかといいますと、彼の事実上の力をもってすれば、自分がなりたいと思えばローマ皇帝になれたわけです。それくらいシャルルマーニュの力、カロリンガ王朝の力というのは増大していたのです。ところが、正当性の確保という観点から見るならば、自分自身の力でもってローマ皇帝になるというような強行策は拙劣なわけです。むしろ、西ヨーロッパにいる全キリスト教徒の目から見て、正当かつ合法的なローマ皇帝が復活したというふうに思われないと意味がなかったのです。シャルルマーニュはそういう意味で政治家です。そういう意味のある形で自分が皇帝になるためには、レオ三世が宗教的粉飾を凝らした形で、ビザンツとは違う古い形をとりつつも新しいローマ帝国をつくる計画に乗っかること、これが、シャルルマーニュという政治家の立場から見た、政治的に賢いやり方なのです。

ですから彼は、自分自らの権力により自分で皇帝になれたのですが、レオ三世の意図と自分の政治的メリットとデメリットの計算、政治的打算が合致したがゆえに、レオ三世の申し出を受けて、自分が西ローマ皇帝になったといえましょう。言葉をかえていうと、ローマ教皇の宗教的意図とシャルルマーニュの政治的意図がここで合体したのです。そして八〇〇年の十二月二十五日のクリスマス、ローマ教皇がシャルルマーニュの頭上に帝冠を戴《いただ》かせたのです。ここに帝国はキリスト教的に聖なるものとされた、すなわち聖別されたわけです。

これ以降中世を通して、ある人間を皇帝の位に即けるときには、形式的にはローマ教皇がある人を皇帝に任命するという形をとるのです。もちろんローマ教皇自身ではなくて、教皇特使が戴冠式に臨席して任命するわけです。でもそれは明らかに、ローマ教皇の権威と権力を担ったものとして、その権威と権力を行使するという形をとるわけです。とにもかくにも古代のローマ帝国というのは、キリスト教的に聖別されたものではなかったのです。たしかに宗教としてキリスト教を国教化しましたが、しかし、ある人がローマ皇帝になるというその政治的儀式に、キリスト教が、とくにローマ教皇が介在するということはありませんでした。

八〇〇年以降、中世を通じて皇帝位が成立するということは、ローマ教皇の介在が必要とされたということです。これが新しく成立したキリスト教的ローマ帝国という意味なのです。ここでは皇帝というのは、この帝国の中の軍事的代表、ローマ教皇は聖ペテロの後継者として宗教的代表という、それぞれ別々の存在が、それぞれ別々の二つの機能と責任を担うものとされたわけです。皇帝と教皇は、ともに同一の組織、エクレシア（ecclesia）すなわち教会の中で結びあわされていたのです。

近代人の発想では、宗教と政治の分離、教会と国家の分離ということが、近代の近代性たるものですが、中世ではそうではなく、この二つは、一体だったのです。つまり、ローマ教皇と皇帝は別々の組織体にいるのではなくて、同一の組織体の中で異なる機能と責任を持つものとされていたのです。ですから、これは重要な問題なのです。西ローマ帝国というものを維持するのに、軍事的代表としての皇帝だけではなくて、宗教的代表としてのローマ教皇、この二つの存在があってはじめて、この八〇〇年以降の帝国というものは成立するのです。

ですからこれがずっと後代になりますと、宗教の問題に対する最高責任者はローマ教皇なのですが、ローマ教皇が当事者能力に欠け責任能力がないと判断された場合には、皇帝が宗教の問題に対する最高責任者としてさまざまな会議を召集したり、教会の改革案を実行したりしたのです。また、そうすることが皇帝の義務だったのです。

これとは逆に、政治的に問題が錯綜して、皇帝あるいは皇帝よりも下の政治的権力者たちが問題解決能力がないと判断された場合に、この帝国の最高責任者の一方の担い手であるローマ教皇が政治の問題に対する最高解決者として乗り出してくることは、政治の問題に対して宗教の側が不当に介入してきたということではなくて、正当に介入してきたことを意味するのです。

ですから、この二つの存在、宗教的代表としてのローマ教皇と政治的代表としての皇帝が、一つの組織、一つの世界である西ローマ帝国を管理運営していたというのは、この八〇〇年以降なのです。八〇〇年に成立したときから、このヨーロッパ文明圏はそういうふうに運命づけられていたのです。これで問題なのは、同一の組織体という表現を使いましたが、帝国（イムペリウム imperium）というものと教会（エクレシア）というものは、同心円的関係にあったということです。教会と帝国というのは空間的な広がりにおいても同じですし、実体としても同じものというふうに考えられていました。政治と宗教が未分離の状態というのは、こういう意味です。

問題はこのシャルルマーニュに誰が帝国を与えたかということです。古来の慣例では帝国全体を代表するローマ市民がそれを与えました。ローマ帝国の代表であるローマ市民という団体が、ある人を皇帝にしたい、するべきだ、という意志表示のもとに、ある人を皇帝に就任させたのです。それが古代の慣習でした。

今回この八〇〇年の十二月になされた儀式では、古代の慣例ではなく、教会の首長であるローマ教皇が代表する教会（エクレシア）そのものがシャルルマーニュに皇帝の地位を与えたのです。これが、名前としては帝国すなわちイムペリウムとはいっても、皇帝すなわちイムペラートルを任命する儀式の担い手は、昔はローマ市民であったものが、今回は教会を代表するローマ教皇だったということなのです。ローマという名前には、それだけの重みがあったわけです。その結果、シャルルマーニュは教会の守護者に任命されたのです。そういう意味では、彼のローマ皇帝即位は、厳密には古代から続いた帝国制度を背景にしたものではないのです。ですから、名称としてはローマ帝国、ローマ皇帝というものを引き続いて使っていながらも、その制度、あるいはその称号を背後から支えるものは、もはや古代の政治文化ではなくなって、新たにここにキリスト教的粉飾を凝らされて、歴史の舞台に現われてきたわけです。そのことが強調されなくてはいけないのです。このようなわけで、シャルルマーニュはカトリック教会の皇帝、普遍的教会としてのカトリック教会の皇帝であるわけです。西ヨーロッパ全体を影響下においているローマ・カトリック教会の保護者としての皇帝、そういう形になっていくのです。じつはこれが、ローマ教皇が望んだ姿、あり方なわけです。教皇は、皇帝になったシャルルマーニュが、普遍的教会、ローマ教会の保護者になることを望んだわけです。

ところがシャルルマーニュは、他人の意のままになるような人のいい政治家ではないのです。ですからここに政治と宗教の軋轢《あつれき》が生ずるのです。じつをいうと、シャルルマーニュが持っていた実質的な力の中心はローマにあるのではなく、アルプス以北にあるのです。彼が皇帝の権威と権力を授与された場所であるこのローマに、シャルルマーニュの実質的な権力があるわけではないのです。アルプス以北の、いわゆるフランク王国にあるわけです。古代ローマ帝国は、大西洋からちょっと中に入った地中海という内海を「われらの海」と称して、その海上権を掌握して栄えたのです。そういう背景で、ローマを首都としていたわけです。

しかし皇帝となったとはいうものの、シャルルマーニュの実質的な権力は、ローマではなくてアルプス以北、ゲルマン民族の地域にあったのです。そうなると、シャルルマーニュの帝国というのは、事実としてはローマ帝国ではないのです。名称としてはローマ帝国ではあったけれど、事実としてはローマ帝国ではない――ということは何を意味するかというと、シャルルマーニュが身につけたローマ皇帝という称号は、実質的には普遍的権威ではなかった――ということです。デ・ユーレ（de jure）には普遍的ではあっても、デ・ファクトー（de facto）には普遍的ではなかったということです。

日本語で、デ・ユーレというのは「法的に」、デ・ファクトーというのは「事実として」という意味です。ヨーロッパの思想史の中で、それが政治思想であれ、法思想であれ、あるいは哲学であれ、デ・ユーレとデ・ファクトーというのはじつによく出てきます。彼らのものの考え方において、二元論的な対概念としてよく出てきます。法的にはこれこれこうだけれども、事実としてはこれこれこうだ、という認識です。社会の現象として起きた事実を認識するさいに、デ・ファクトーにはこうだけれども、この問題は本来ならデ・ユーレにはこういうことであるべきだ、というのです。

日本のある学者が、純日本的なものの発想である「たてまえ」と「本音」というふうに誤解して、デ・ユーレを「たてまえ」、そしてデ・ファクトーを「本音」というふうに、書いていますが、これは誤解です。デ・ファクトーとデ・ユーレという対概念をひじょうにおおざっぱに解釈して、純日本的なものの考え方である「たてまえ」と「本音」というものと同じだというふうに解釈していますけれど、私はこれは間違っていると思います。ですから、欧米において彼らが表面で主張していることと本心からやりたいことを、われわれ日本人が、たてまえと本音の使いわけというふうに理解すると、とんでもない失敗をするのです。むしろそれは、追求すべき理想と、なさざるをえない現実という形で、欧米人の行動を観察しなければいけないのです。

あるいは、「嘘と本当」というふうにわけてもいいのです。しかしたてまえと本音というのは、けっして嘘と本当ではありません。少なくとも私の理解するところでは、日本でのたてまえと本音というのは、二つとも本当なのです。たてまえとしての本当、本音としての本当。

ところが欧米人がやることで、嘘と本当ということはあります。それから理想と現実ということもあります。両者は違うものです。日本では、たてまえと本音の観点から見ると、本音がたてまえと違っていても少しも恥ではないということです。ところがヨーロッパ的思考において嘘と本当ということになると、自分のやっていることが嘘である、表面では真実のようなふりをして実際やっていることは違う、嘘をついて違うことをやっているというようなことがあるわけですが、まさにそれが、嘘と本当なのです。外交政策であれ、市民活動の一般的な私人がなす行動であれ、その嘘が暴露されると、その人は社会的に糾弾されます。デ・ユーレとデ・ファクトーというのは、ヨーロッパ人のものの考え方としてひじょうによく出てくるので、覚えておいてください。

さて、古代ローマ帝国というのはデ・ユーレにもデ・ファクトーにも普遍的だったのです。それはそうです、西はドーヴァー海峡からブリテン島までも含めて、東は黒海はおろかカスピ海にまで及ぼうかというくらいの広大な版図を持っていたのですから。ところが勢力が衰え、周辺の諸民族たちが力をつけてくると、普遍的な政治的版図であるローマ帝国が徐々に侵食されて、つまり、蚕が桑の葉っぱを食べていくように、周辺の各民族たちが自分のテリトリーとして、ローマ帝国のテリトリーを侵食しはじめるわけです。あちらでポリポリ、こちらでポリポリというふうに食べていくのです。そして、最終的にはローマ帝国の軍事力、官僚制の力が衰えて崩壊していきました。それにもかかわらず、帝国というのは、とにかく最初はデ・ファクトーに普遍的であったものが、デ・ユーレに普遍的な権威として確立していくわけです。

ところが八〇〇年以降のローマ帝国復興という出来事でつくられたローマ帝国というものは、デ・ファクトーには、アルプス以北、バルト海・北海以南のごくごく狭い、けっして普遍的地域といえない狭いところに押し込められている政治的権威でしかないのです。ですからシャルルマーニュの帝国は、事実としてはローマ帝国ではありません。ローマ帝国という普遍的権威ではないのです。

問題は、デ・ユーレには普遍的なものがデ・ファクトーには普遍的でない、というこの矛盾です。じつは、この矛盾が矛盾として提示されない、人々に自覚されないあいだが中世でした。そしてこの矛盾が自覚され、ほころびが出てしまい、デ・ユーレには普遍的であると称されていたものが、デ・ファクトーには普遍的ではないということが人々によって自覚されたとき、これが中世の世界が終わったときなのです。

シャルルマーニュの帝国がヨーロッパ中世の枠組みをつくったということ、これが重要なのです。彼が復興させた西ローマ帝国というのは、キリスト教的な裏打ち、キリスト教的な粉飾をほどこされた政治的枠組みであったということです。ところで、彼の帝国は、たしかに中世の枠組みをつくったとはいうものの、シャルルマーニュの三代後にはもう分裂が始まるのです。つまり、統治組織としてはひじょうに弱体だったわけです。古代のローマ帝国のように、官僚制と軍隊制ががっちりとつくられていたわけではありません。シャルルマーニュという、一人の偉大な戦士指導者のもとに、ゲルマンの戦士階級たちが結集してつくった帝国なのです。ですからその偉大なシャルルマーニュがいなくなるということは、このゲルマンの戦士階級たちを統率し、一つにまとめるというカリスマ的人物がいなくなるということになります。すなわち、シャルルマーニュの帝国は崩壊しはじめるということです。しかし、それにもかかわらず、彼が復興させた帝国という理念は、そのヨーロッパ・キリスト教的世界を統一するものとしてその後も生き続けて、歴史の中で機能を果たしていくのです。

3　キリスト教と政治

私はさきほど、シャルルマーニュの帝国はキリスト教的粉飾がほどこされた帝国だというい方をしましたが、ではキリスト教はいったい政治とどういうかかわりを持った宗教だろうか、ということをいちおう話しておく必要があります。

(1) キリスト教の政治に対する親和性

いろいろな宗教が人類の歴史上存在し、そして、中には政治に対してまったく無関心で非政治的な宗教もありました。ところがキリスト教、これは政治的なものに対してきわめて親和性のある宗教なのです。この親和性というのはどういうことかといいますと、Aという存在とBという存在が相互に親和性があるということは、この二つの存在は当初はまったく無関係な存在であるけれども、まったく偶然にその中に持っている、それぞれの個性なり特性なりが相互に積極的な関係をもつ可能性を持っている、それを、両者には親和性がある、というふうにいうわけです。この二つが出くわすのは、歴史的には偶然です。しかし、歴史的には偶然であっても、双方に親和性があると二つは対立、緊張関係をはらみつつも、相互補完の関係に入る、つまり政治と宗教がそれぞれ自分の足りないものを相手に求め、そして相手にないもので自分にあるものを提供するという相互補完の関係です。それと同時に、キリスト教は政治権力に対する最強の批判的原理を保有し、最大の批判的勢力であり続けました。それ故、ここにいう親和性とは、調和・融合と批判・対立の相矛盾する側面をはらみつつ、相互に積極的な関係を持つに至る性質を指します。

さて、キリスト教と政治との間の親和性に関して、以下三点を述べてみましょう。

（1）キリスト教の教義が政治というものと無関係でありながら、きわめてよく似た様相を呈するわけです。たとえば次のような形です。つまり、キリスト教では「神一人が全宇宙の創造者にして支配者である」というのが、キリスト教を成立させる教義的柱の重要な一本なのです。このことは、神学的・信仰的にいえば、神が全知全能であるということを意味しています。しかし同時に、創造者と支配者という言葉は、政治的用語なのです。創造者すなわち全宇宙というシステムをつくった人という意味では、ある社会全体のシステムをつくったということであり、それが政治的支配者と解釈されることは自然でありましょう。こういうところに、キリスト教と政治というものは本来的に無関係でありながら、両者には親和性がある、換言すれば、キリスト教のものの考え方には、政治に対してきわめて親和性があるということなのです。

（2）キリスト教は秩序とか関係性、すなわちAさんとBさんとの正しい関係、あり方を重視する宗教です。つまり、神と人間との正しい関係を強調するわけです。神が主であって、人間が従であるという関係です。神が全存在の創造者であり、人間を含めたすべての宇宙の存在は神によってつくられたものであるといった、被造物と創造者の関係です。キリスト教は、この関係が正しくない関係におかれる、あるいは、人間が尊大になって、自分が神によってつくられた存在ではなくて、自分が自分自身の主人なんだと思うことが、人間の傲慢である、と主張する宗教なのです。この観点からいうと、秩序とか関係性を重視するという意味では、キリスト教における神と人間との関係が正しい関係におかれることが正義であって、正しくない関係になると、それを罪というのです。神と人間との関係が正しくない、あるいは人間が自由意志に基づいて神と人間との正しい関係を逸脱する、それが罪なのです。

この秩序、関係性を重視したという、キリスト教は、歴史的には教会の秩序と人間社会の秩序を強調したということです。教会という信仰者の共同体が、たんにアモルフで融通無碍《むげ》で、アメーバが自分の行きたいところに、行けるところに、触手を伸ばして移動するというような形ではなくて、フォルムをきちんとつくり、そのフォルムをきちんと維持するためのルールをつくる、という形で教会の秩序を強調します。

キリスト教は古典古代に一般的であった有機体理論すなわち、人間の肉体とか動物の肉体は有機体であるというふうに、いまの生物学でもいわれていますけれど、人間に頭があって、心臓があって、手足があるのと同じく、人間が形成する社会も有機体であるとする理論を採り入れ、そして教会も有機体である、という定義をするわけです。こういう有機体理論というのは、プラトンの『国家篇』を読んでもおわかりのように、ポリスを定義する際に、ポリスは有機体であるといっているわけです。つまり、支配者がおり、被支配者がいる、そして支配者は頭の部分、被支配者が身体の部分、というような形で、有機体として支配・服従の関係、および社会秩序を説明するのです。その古典古代に地中海文化世界の中で一般的だった、社会秩序を有機体として説明する方法を、キリスト教も、自分たちの信仰者の共同体を説明する際に採り入れるのです。そして現実の人間社会の秩序理論にもそれを適用しました。政治に対する親和性はそういうところにも生まれてくるわけです。

(3) キリスト教は共同体を重視し、育成しました。その場合の共同体とは、教会のことです、エクレシアです。エクレシアというギリシア語を信仰者の集まりにキリスト教が使ったというところに、大きな意味があるのです。古代のキリスト教徒たちは、自分たち信仰者の集まりに、エクレシアというギリシア語を使ったのですが、それは、そもそも、ポリスの中の政治的決定をくだす権利と能力のある市民全体の政治的有資格者たちが集まった最高会議を指す言葉だったのです。それが、このギリシア語のオリジナルな意味です。そして、それがラテン語に転換されていくわけです。

キリスト教はただたんに、神秘主義的に、一人ひとりが神と直結するという宗教ではないのです。キリスト教は、信徒全体が共同体をつくって神を礼拝するという宗教なのです。ですから、共同体性のひじょうに強い宗教なのです。教義そのものに、共同体性が必要不可欠なものとして要求されています。

この共同体性を重視、育成したということは、じつをいうと、この世の中での教会のあり方を問題にするということであり、そしてこのことは必然的に、この世のあり方、すなわち現実社会のあり方をも問題にすることになります。キリスト教は、この世、つまり現世のこの四次元の世界の中で教会はどうあるべきか、ということを当然問題にするわけです。自分たちのエクレシアが、この地球上のこの時間の中においてどうあるべきか、ということを問題にするのです。

そしてそれを問題にする姿勢は、当然のことながら反転像として、あるいは論理的必然として、教会がその中にいるこの世そのもののあり方がどうあるべきか、ということを問題にすることなのです。換言すれば、教会と現実社会との関係を問題にする、ということです。

教会の側あるいはキリスト教徒の側からいうと、自分たちの教会を迫害するようなこの世のあり方はよくない、ということになったのです。ここから、宗教改革期のルターよりはカルヴァン派のものの考え方ですけれど、この世のあり方を変えるべきだという、ひじょうにラディカルなキリスト教的世俗社会革命理論が出てくるわけです。これはもう、この世を神の意志にそったあり方に組み替えよう、という発想になるわけです。キリスト教というのはもう、世俗の社会そのものを変革しようという革命理論です。キリスト教というのはそういう意味でも、政治に親和性のある宗教だということなのです。

これまで述べたことをトータルにいえば、キリスト教は、この世の秩序、現実社会のあり方に、ひじょうに強い関心を有する宗教であるということです。けっして、自分が山の中にこもって自分と神との関係だけを問題にすればいい、というような宗教ではない、神秘宗教ではないということです。もちろんキリスト教の長い歴史の中では、そういう神秘的な発想もありましたし、修道院という、森の隠者みたいなキリスト教徒もたくさん出てきました。しかしそれは、ヨーロッパの歴史を動かす全体的な運動にはならなかったのです。

(2) 普遍性を志向する宗教

キリスト教の特徴として、普遍性を志向する宗教であるといえます。前に軽く言及しておきましたが、これはどういうことかというと、キリスト教は教義からいって、人類全体を罪という拘束から解放するということを主眼にした宗教です。人類全体を罪という拘束から解放する、これがキリスト教の教義からいう真の自由なのです。人類全体であって、自分一人のあるいは自分の属している家族、部族、民族のみの救済ではないのです。人類全体の罪からの解放、これを主張する宗教という意味において、普遍性を志向する宗教といえましょう。

さらにまた、特定の能力のある人だけに救済、すなわち罪からの解放があるわけではない、また特定の能力のある人だけに神からの働きかけがあるのではなくて、すべての人に対して神から下される聖霊がそそがれる、ということを教義の一つとして主張する宗教なのです。教義の中の、いくつかのプリンシプルの一つとして、聖霊というのはあまねくすべての人々にそそがれる、ということを主張する宗教です。

さらに、神の前にすべての人々は兄弟であるということを強調する宗教です。そして、このことを強調することによって、キリスト教は、人間全体の連帯性を理論的可能性として有していました。しかし、中世社会の構造を見てもわかるように、キリスト教というのは、秩序を重視する方向が強く出ると、身分制、階層秩序を擁護するようになります。しかし、まさにそういう秩序を重視するような側面と同時に、人類全体が神の前で平等であり、兄弟であるというような側面が強調されると、ああいう中世のヒエラルヒーを破壊する歴史的インパクトとなるわけです。だから、キリスト教というのは両面があるわけです。

キリスト教は、普遍性を志向する宗教として、すべての人々は顔つきも性格も身分も人種も何もかも違うけれど、キリストにおいてすべての人々が一つにまとめられる、結合される、統合される、そういう宗教です。つまり、キリストにおいて一つにされるということを、ひじょうに重要な教義の一つとして主張する宗教なのです。ですから、すべての人々が一つになるというところに普遍性があるわけです。事実、カトリック教会というふうにわれわれはごく普通にいいますけれど、英語で Catholic というキャピタルレターで書かれると、いわゆるカトリック教会ですけれど、スモールレターで書かれるcatholicというのは、全世界的な、普遍的なという意味です。これはギリシア語のカトリコスという言葉からきています。

実際、古代の地中海文化圏で広がっていた諸々の宗教は、ある部族だけに伝わる宗教、あるファミリー、ある一家だけにあがめ礼拝される宗教というのが多くて、カトリコスではなかったのです。当時の宗教はすべて普遍的ではなくて特殊的であり、その部族だけに礼拝される、あるいはその家族だけに礼拝される、あるいはその都市だけに礼拝される宗教として、東地中海文化圏では栄えていたのです。そういう世界の中に、キリスト教が東から入って来てそして人はどこでも、誰でも、いつでも神を信ずる者は救われると説きました。つまり、部族、家族、各都市という枠組みとか境界をすべて乗り越えて、人類全体を志向する宗教である、ということで、キリスト教は発生当初から普遍的だったのです。

ですから、最初にキリスト教を受容した人たちは、今述べた枠組みとか境界の外にいる人々、地中海文化世界の中でいちばん底辺であえいでいた奴隷階級だったということが、よくいわれています。それでニーチェなどは「キリスト教は奴隷根性の宗教」というふうに悪口をいったわけです。社会階層として、最初に受け入れたのは奴隷だったかもしれませんが、徐々に中流家庭、上層家庭、知識階級に、どちらかというと受け入れられていったのです。最終的には四世紀の終わり頃になると、ローマ帝国の中で国教とされるわけです。四世紀の初め頃(三一三年)に、キリスト教がコンスタンティヌス帝によって公認され、そして四世紀の終わり頃(三九一年)、テオドシウス帝によってキリスト教がローマ帝国で唯一許された宗教となるのです。公認宗教から、唯一の国家宗教になったのです。そういう意味で、政治と親和性のある、普遍性を志向する宗教なのです。

私は前に「ヨーロッパの文化的構成要素は四つある」といいました。ゲルマンの民族的慣習、ローマの法制度、ギリシアの哲学、そしてキリスト教、この四つが、現在のいわゆるヨーロッパ文化の基本的原理だといいました。そのキリスト教という場合は、これはラテン・キリスト教なのです。ラテン・キリスト教の持つ世界史的な意義というのは、ひじょうに重要なものがあります。私は、全体を通じて述べたいのですが、それは歴史的なあり方として、合理性というものを徹底的に追求する形をとったのです。他のキリスト教では、合理性をここまで追求しませんでした。つまり、信仰と理性の調和を図りつつ、理性というものの能力を最大限に追求していく宗教だったのです。

(3) ラテン・キリスト教の政治思想史的意義

宗教と政治の癒着を拒否する、これが第一です。宗教と政治の癒着というのは、あらゆる宗教で、それこそ洋の東西を問わず見られる現象なのです。ところが、宗教と政治の癒着というとまず考えられるのが、政治的最高権力者を神格化するということです。キリスト教はそれを否定しました。旧約聖書の第一戒に「神のみを神とすべし」というふうに書かれているから、その結果、政治的権力者を神格化することを拒否するわけです。ですから、古代ローマ帝国の中にキリスト教が入っていくさいに、ローマ帝政下では、ローマ皇帝を神格化するという政治神話、政治神学があったのですが、そういうところにキリスト教が入っていくと、皇帝といえども人間だから神ではないということで、皇帝礼拝を拒否しました。そうすると、キリスト教徒は宗教的異端者であると同時に政治的謀反人というふうに断罪され弾圧されたのです。とにかくキリスト教は宗教と政治の癒着を拒否しました。最終的には政治と宗教の分離にまで至るのです。これは中世、近代と、ずっと続いています。

このことと関係しますが、第二番目は、政治権力の相対化です。政治権力というものは、しょせん人間が人間社会の中を秩序化するためのものであって、絶対的なものではない、絶対なるものは神だけであるというのが、キリスト教、とくにラテン・キリスト教の強調したことです。政治権力の相対化というのがラテン・キリスト教の政治思想史的な意義としますと、これがどういうことを歴史上果たしたかというと、政治権力が道徳とか信仰の問題に介入することを、ラテン・キリスト教の側から教義として、あるいは思想原理として拒否したのでした。道徳とか信仰の問題は、教会独自の問題なので、政治権力者が扱うことではない、ということを明確に打ち出して、そういう宗教や道徳の問題を取り上げる政治権力者に対して、まっ正面から批判しました。ラテン・キリスト教はそういう宗教なのです。

第三番目の政治思想史的意義は、皇帝教皇主義の克服です。皇帝教皇主義（Caesaro-papismus）とは、国家権力者・政治権力者が、教会・宗教問題をたんなる政治的統治の分野のものとして取り扱う思想、政治のあり方のことです。歴史的には、ビザンツ帝国、オリエントの国々、ギリシア正教の国々、そしてヨーロッパ近代初期の啓蒙専制君主の国々に見られました。ここでは、神または神々に対して行うべき礼拝などは、行政官吏によって執行されるか、または政治権力に完全に従属している祭司層によって行われます。祭司の職務行為は国家権力によって統制されており、祭司層としての独立の団体、独自の養成機関も存在せず、ひいては宗教に固有な神学も発展しないのです。神・神々とか聖者は、国家の神・神々、国家の聖者であり、それらへの礼拝は国事行為であります。ですから、宗教的帰依がすなわち政治的忠誠の表現となるのです。逆に宗教的帰依の拒否は政治的反逆となり、弾圧の対象となります。このような文化状況では、基本的な信仰の自由、そこから派生してきた思想・良心の自由という、近代人が基本的人権と考えている諸原理は、発達しませんでした。

この皇帝教皇主義に強く抵抗したのが、ラテン・キリスト教のローマ教皇を中心とする聖職者集団でした。彼らは政治権力とは無関係な形態で発達し、みずからが権威・権力となって世俗政治の権威・権力と対決しつつ、それと相互補完の関係に入っていきました。そして政治権力を相対化しつつ、信仰、道徳の分野、人間の内面の問題は宗教の領域とする文化を確立しました。日本と異なり、欧米の国家権力が宗教・道徳から中立の中性国家となった基本的要因は、ここにあるといえましょう。

第Ⅱ章

「普遍」の確立

ヴェズレー・カテドラルの正面入口上部のレリーフ

1　グレゴリウス改革・叙任権闘争

普遍的なものを中世文化の基本とするならば、普遍が確立していくのは、時代的にいうと、十一世紀の終わりから、そして絶頂期に立つのが十三世紀の半ばです。十三世紀の終わりから十四世紀の初めには、そろそろ中世の普遍性ということがあやしくなって、人々は、普遍的であるということが良いことだ、ということに疑いを持つようになるのです。そして、十四世紀から徐々に始まった中世の崩壊は、十六世紀初期の宗教改革により、中世の終焉にいたる形をとることになります。ですからここでは、十一世紀の終わりぐらいからの普遍ということの確立、それを問題にしたいのです。

いま申し上げたことで、何がいちばん重要な政治思想史的出来事かといいますと、これは叙任権闘争、別名グレゴリウス改革という歴史的な出来事なのです。グレゴリウス改革というのは、じつをいうと、世界史的な意義があるのは、ヨーロッパ文化の中で合理的に政治と宗教というものを考えていこうとする思想的きっかけが、ここから生じてくるからです。

皆さんも高校の世界史で覚えていると思いますが、ヨーロッパ史上、四大革命といわれたものがあります。世界史的な意義を持っている、ヨーロッパ史上の四つの革命――新しいところからいいますと、ボルシェヴィキ革命、すなわちソ連のコミュニストの革命です。それからもう少しさかのぼってフランス革命。さらにさかのぼっていきますと、第三番目は、宗教改革です。そして第四番目が、このグレゴリウス改革なのです。第三番目にあげた宗教改革、マルティン・ルターの一五一七年から始まった宗教改革が、なぜヨーロッパ史上四大革命の一つといわれるのかということですが、宗教改革もグレゴリウス改革も、一見キリスト教教会にまつわる改革運動ですけれど、これは全ヨーロッパの社会構造を根底から変換する革命なのです。そういう意義があるから、ヨーロッパ史上四大革命といわれています。

じつをいいますと、第三番目のルターの宗教改革を、キャピタル・レターで「リフォメーション」(Reformation)というふうにいうとするならば、グレゴリウス改革が第一次宗教改革、ルターのが第二次宗教改革といってもおかしくないくらいに、このグレゴリウス改革というのは、ヨーロッパ人のキリスト教信仰のあり方を変えたし、それに基づく社会構造をも変えてしまったのです。

さて、グレゴリウス改革というと、あなたがすぐ頭に思い浮べるのは、「カノッサの屈辱」という歴史的事件ではないでしょうか。これは一〇七七年、ドイツ皇帝ハインリヒ四世と、時のローマ教皇グレゴリウス七世との争いで、破門されていたドイツ皇帝が、教皇からの赦免を得るために、クリスマスの夜から三日三晩裸足で、ローマ教皇の滞在しているカノッサ城の城門のかたわらに立っていたという出来事です。それをドイツ側から見て屈辱と考えた、そういう「カノッサの屈辱」という事件があります。

さて叙任権闘争ですが、具体的にいうと、叙任権とは、中世ローマ・カトリック教会の聖職者を任命する権利、免職する権利、ということです。ではなぜローマ・カトリック教会の聖職者の任免権が革命的意義を持つのか、ということですが、じつをいうと答えは簡単です。中世ローマ・カトリック教会というのはたんなる宗教組織ではなくて、政治と宗教が未分離の状況に置かれているあの中世では、教会の問題は世俗政治の問題であり、世俗政治の問題は宗教の問題だったわけです。そういう意味では、ローマ・カトリック教会の聖職者を任免するということは、世俗の社会構造の中でひじょうに重要なポストに就く人を任免することだったのです。

であるが故に叙任権闘争というのは、たんなる教会の改革問題とか、聖職者を任用したり免職したりというような小さい問題ではないのです。社会構造全体にかかわる大問題だったのです。事実この叙任権闘争は、ヨーロッパ・キリスト教の究極の権威者は誰か、ヨーロッパ世界を統治する、その統治の本質とは何か、その範囲とか限界はどこにあるのか、ということに関して、ヨーロッパ史上最初に行われた大論争なのです。

じつはこの十一世紀の後半に、最初の政治思想的パンフレットが、争っている双方からともに出されたのです。それがひじょうに重要な問題で、しかも、これはさきほどいいましたように、普遍ということを終局的にはめざす、そういう内容の論争なのです。前に、キリスト教は普遍性を志向する宗教であるといいました。個とか、たんなる個人の内面とか神秘性とかだけに深く狭く閉じこもっている宗教ではなくて、人類全体の救済を志向する宗教という意味で、普遍性を志向する特徴がある、といいました。それが、信仰の普遍性だけではなくて、統治する世界全体、領域も普遍的であるということを要求する宗教でもあるわけです（少なくとも中世ローマ・カトリック主義においては）。

ですからそのさいに、普遍的であるということを証明するために、争っている双方がともに自分の説を合理的に説明することによって、たんなる部族の中とか小さな領域を越えて、世界全体に自分の権威が及ぶということを証明しようとした、そういうパンフレット合戦が行われたのです。じつはこういうところに、ヨーロッパにおける合理的思考というものが組織的に展開されるきっかけがあるのです。私は本書の最初のほうでいいましたけれど、ヨーロッパ文化が人類の精神史、文化にいくつかの貢献をしたとしたら、そのうちのひじょうに重要な一つが、合理性というものを人間が徹底的に追求し実行するメソッドを発明したことです。そういうことの萌芽の一つが、この叙任権闘争にあるのです。しかも政治思想史における合理性というのは、少なくとも西ヨーロッパでは、この叙任権闘争から発していると見てかまわないと思います。

ところで、よくわれわれはグレゴリウス改革といいますと、教会と国家の戦いというふうに解釈します。事実そういう面があります。しかしそれは、近代的な意味での国家と教会の争い——われわれ現代人がこの問題ですぐ連想するのは、ドイツ・ナチズム、ヒトラー統治下のドイツにおけるナチズム政権と教会側の人たちとの争い、そういう国家と教会の争い——を連想するのですが、グレゴリウス改革はそういうことではないのです。

近代的な発想としての国家と教会の間の争いではないという意味は、さきほど私がいったように、ヨーロッパ中世では、政治と宗教が未分離の状態だったからです。逆に中世と違って、政治と宗教が分離された状況を、近代的特徴というのです。中世的特徴を離脱して近代になったということは、政治と宗教が未分離の状況だったのが分離した状況、双方が区別された状況、それを近代的というわけです。当然のことながら、国家と教会というのは別々の目的を有した別々の組織というふうに、近代では考えるのです。

ところが中世、とくにこの叙任権闘争が発生した十一世紀の後半というのは、この種の国家と教会という区別された観念は存在していませんでした。そもそも中世では、近代的な意味での国家と教会というのは、まだないのです。ではどういうふうにいうかというと、サケルドティウム（Sacerdotium）とイムペリウム（Imperium）という言葉です。サケルドティウムは聖職者階級とか聖職者団、イムペリウムは読んで字のごとく帝権ということです。帝権というふうにイムペリウムをいうなら、サケルドティウムを教権といいかえてもかまいません。いずれも、とくにイムペリウムというのは、ローマ帝国の政治的、法的遺産です。ですから国家と教会というふうないい方をするよりは、このサケルドティウムとイムペリウムというように、中世の用語法に沿っていったほうが誤解がないわけです。国家と教会というような近代用語を使うと、われわれとしては両者が区別されたものとして考えがちですから。

この両者は、一つの全体社会、すなわちレスプブリカ・クリスティアーナ（Res-publica Christiana）といわれているキリスト教社会の中の二大中心点なのです。レスプブリカというのは、国といってもいいし、あるいは共同社会ということです。レスプブリカ・クリスティアーナ、つまりキリスト教社会、キリスト教共同体です。この一つの全体社会の中において、サケルドティウムとイムペリウムというのは、近代の国家と教会のように、別々の目的で、別々の分野の、別々の社会組織ではないのです。レスプブリカ・クリスティアーナという一つの社会において、それぞれ別の機能、ファンクションを果たす違いがあるだけなのです。目的は同一、機能が異なるだけです。目的が同一という意味は、レスプブリカ・クリスティアーナというこのキリスト教社会は、人間すべての魂の救済を目的とするものです。その魂の救済のために、サケルドティウムがどういう機能を果たすべきか、あるいはイムペリウムがどういう機能を果たすべきか、ということが問題にされたのです。ですから、近代的な発想とは全然違うといっていいと思います。

しかも、近代の国家と教会の闘争でいいますと、国家権力側は教会側を敵対視し、教会の側は国家権力を敵対視するという、二つに截然と分かれた闘争なのです。じつはこの叙任権闘争を複雑にしているのは、まさにこれが近代的ではなくて中世的な特徴を持っているがゆえにそうなるのですが、すべての聖職者が、サケルドティウムを代表するローマ教皇の権利と名誉の擁護者というわけではなくて、じつは少なからざる高位聖職者がイムペリウムの側について皇帝を支持したということも、歴史的事実です。その逆に、世俗君主の中でも少なからざる有力な世俗支配者がローマ教皇に味方して、サケルドティウムの側についたということも、これもまた歴史の事実なのです。つまり、それだけ双方ともに権利と利益が錯綜した状況にあったため、闘争におけるこういう錯綜した人間関係が出てきてしまったということなのです。

叙任権闘争の三グループ、闘争の三役があります。これはもういわずと知れた、皇帝とローマ教皇、これが三役のうちの二役です。そして第三番目が、世俗化した司教です。司教というのは、ひじょうに高い権威と強い権力を持つのです。なぜ聖職者である司教が世俗化したのか、というふうに思うのが現代人なのです。世俗化していないから聖職者というわけです。ところが中世の特徴は、その地域の高位聖職者というのは、その地域の世俗支配の最高権威者でもあったのです（これはのちほど説明します）。だから、改革が必要だったのですが。

まず教皇の側からいいますと、ローマ教皇が教会の中を刷新するというのは、ローマ教皇の中央集権化を果たさなければいけない、というふうに考えたのです。中央集権化が教会を改革・純粋化する唯一の道であるというふうに確信して、それを実行しようとしたのがローマ教皇ですし、それに対して皇帝の側は、ローマ教皇の中央集権化は、自分の世俗支配者としての権威に対する挑戦だ、というふうにみなしたのです。それはどうしてかというと、各地方の世俗支配者を任命するのと同じレベルの問題として、各地方の有力都市の司教を、皇帝が任命していたのです。ですから、そういうような聖職者の任免権を、世俗支配者からローマ教皇の手に奪い返すというのが教皇側の方針とするならば、それは皇帝側から見たら、これまでの自分の権利を侵害するものであるとみなすわけです。そして闘争の三役の第三番目、世俗化した司教ですが、ローマ教皇が教会刷新のために中央集権化しようとするのは、自分たちが慣習的に保持している支配権、これを剝奪されるものとみなして、世俗化した司教たちは、ローマ教皇による教会改革に反対しました。

（1）改革以前

ローマ教皇グレゴリウス七世の在位は、一〇七三年から一〇八五年ですが、これ以前の教会の状態を話しておかないと、なぜグレゴリウス改革・叙任権闘争が起こったかの必然性が理解できませんので、普遍性という問題にからめて、いちおう簡単に説明しておきます。

シャルルマーニュが八一四年に死にます。西ローマ帝国がシャルルマーニュによって八〇〇年に復活しましたが、彼の死とともに政治権力（帝権、イムペリウム）は衰退します。それとは反対に、唯一ヨーロッパを文化的に統一するものは、教会なのです。そうすると、教会が持っていた道徳的権威が、帝権の衰退と反比例して向上します。

九世紀の後半には教会のみが権威を有しておりまして、聖職者が、もちろん神の意志を解釈する人間としてあがめられると同時に、世俗の支配秩序が麻のごとく乱れたあとは、各地の教会と、それを守っている聖職者たちが、民衆の生活の支えになっていたのです。こういうところにじつは、聖職者が、事実として民衆の生活を指導する、具体的に世俗的な生活を指導するという役割を担わされていたのです。聖職者が、みずから世俗的利益と権利を求めて、世俗の中に入っていったというよりは、歴史的使命として、そういう役割を担わされていたのです。

十世紀の前半になりますと、もはや皇帝—イムペラートルという称号も消滅しました。国家という存在もありません。そしてキリスト教の信仰心も衰退していきます。そこに九六〇年にオットー大帝が出現するわけです。この人はシャルルマーニュの末流であり、血のカリスマによる正当性を持っていたので、帝国を再興するわけです。しかし再生した帝国というのは、もはやシャルルマーニュの帝国ではないし、ローマ帝国と名乗ることすら領域的に不適切ですし、文化的にもひじょうにゲルマン的な色合が濃いものだったのです。ですから帝国の矮小化といってもかまいません。

再生された帝国では、帝国内の統治の一環として、皇帝によって教会組織が用いられました。帝国統治策として、教会あるいは聖職者が用いられたということです。各地の高位聖職者は、皇帝の政治的観点から任命されました。聖職者は独身なので、支配権が世襲されることはないということは、皇帝にとって利点でありました。結果として、聖職者としては不適切な人物、ラテン語で聖書が読めないような人たちとか、キリスト教の基本的な教義も理解できない人たち、あるいは一般民衆の心の苦しみ、悩みというものを全く理解できなければ共感もできないような人たちが、政治的、官僚的有能さだけで任命されました。

当然のことながらこの人たちは、宗教的観点から自分の職務を遂行するのではなくて、世俗的な観点——自分を任命してくれた皇帝に対して忠誠を尽くすにはどうしたらいいかとか、自分の管轄地内、領域内を統治するにはどうしたらいいかという、そういう観点から行動したのです。だから結果的には、教会の財産を食い物にしたり、教会組織を世俗統治の道具に使うとか、そういうことをやるわけです。当然のことながらこれは、宗教組織としての教会の道徳的堕落を引き起こしました。

皇帝のみならず封建領主も、信仰心のある人間のほうが謀反、反乱を起こす危険性が少ないという観点から、自分の領土内の各地に、民衆の心を鎮めるために、教会を設営します。そうすると、封建領主は、建立した教会の管理者として、聖職者を任命するわけです。自分が任命するのです。つまり封建領主にとっては、自分が建立した教会は自分の財産なのです。ですから自分の財産の管理人を任命するのと同じ観点から、聖職者を任命していきます。いまいったことは封建制度の原理としては間違ったことではなくて、正しい権利の遂行なのです。正しい権利の遂行として、聖職者を任命したわけです。言葉をかえていうと、高位聖職者というのは、皇帝に臣従する封建領主だったのです。あるいは、封建領主の領土内の教会聖職者に任命された教会の司祭たちは、封建領主に臣従する封建家臣の一人、というふうに位置づけられるわけです。ですから、まったく宗教の論理によらず、世俗の支配の論理が働いてきたわけです。

さてこうなると、教会が危機的状況になるのも、むべなるかなです。十世紀以降、聖職者の堕落がはなはだしいのです。具体的にいうと、第一は聖職に就く、ということはお金になるわけです。つまり世俗の支配者の官僚になるわけですから、そのポストに就くと政治的名誉と経済的利益を得ることになるので、その職位、聖職が売買されるようになります。ポストが売り買いされるのです。第二は、キリスト教の聖職者は独身であることが――中世カトリックでは、現在でもカトリックはそうですが――宗教的規律なのです。ところが、こういうふうに世俗の人が世俗の観点から聖職者に任命されると、こんな宗教的戒律なんていうのは、ぼろ草履《ぞうり》のように捨てられ、踏みにじられるわけです。そうすると聖職者の道徳的堕落が始まります。いちばん具体的には、聖職者が勝手に結婚してしまうのです。これは非合法の結婚です。

そういう意味では、さきほどからいっているように、二つの堕落、聖職ポストが売買されること、それから聖職者が非合法に結婚すること、この二つは、聖職者が、俗人の皇帝や世俗封建領主によって世俗統治の論理から任命されることから起きるのです。これが聖職者堕落の根本原因なのです。

根本原因がわかるなら、論理必然的に、改革するにあたって何を改革すべきか、改革のターゲットはおのずから明らかです。それは、聖職者の任命権を聖職者の手に取り戻すこと、終局的には、少なくとも高位聖職者の任命権はローマ教皇に取り戻すことです。これを権力の力学からいうと、教会改革をするためには聖職者の任免権を聖職者の手中に取り戻す、高位聖職者の任免権はローマ教皇に取り戻す、ということは、ローマ・カトリック教会全体からいうと、結局においてローマ教皇に権力が集中するということです。

ですから、改革を志向する熱心な教皇が現われたら、当然のことながら、聖職者の任免権が事実（デ・ファクトー）としても、法的（デ・ユーレ）にも、ローマ教皇である自分のところにあるべきだ、ということになるわけです。

ところが世の中はおもしろいのです。最初に堕落した教会を改革しようと志したのは、ローマ教皇ではなく、皇帝なのです。つまり中世は、レスプブリカ・クリスティアーナの中で世俗の統治をドイツ皇帝が行い、宗教問題に関する管理最高責任者がローマ教皇であったのは、前に述べました。これは逆にいうと、一方が栄えるためには、もう一方も栄えないとだめなのです。一方だけ栄えて、他方が衰退するということはありえないのです。他方が衰退するということは、自分のほうも衰退する原因になるわけです。ですから世俗権力者側からいうと、ローマ教会の聖職者がきちんとして、教会組織がきちんと維持されなければ、帝国政策もきちんと維持できないのです。

世俗の論理からいって、皇帝は世俗統治をうまくやるためにも、教会がきちんと運営されていることを望むわけです。ですから、堕落したローマ教皇庁に対する改革は、皇帝が始めるのです。皇帝が、改革するために適切な人物をローマ教皇に任命する、というようなことが何度かありました。その結果として、皇帝権が優越しているということが、皇帝の側からも、教会の人々からも、いわんや民衆の側からも認められるようになったわけです。皇帝権が優越しているということ、これは聖職者に対して皇帝権が優越しているということも当然ですが、世俗支配者、各地に存在している大封建領主に対しても皇帝権が優越しているんだ、ということを示すことに、結果としてなるのです。

さて、グレゴリウスが現われてきます。十一世紀の終わりです。グレゴリウス改革というふうに歴史上名前を冠せられる名誉が彼に与えられていますが、じつをいうと、改革の理念とか改革の方法というのは、それ以前からもうすでにわかっていたのです。しかしそれを具体的に実行する諸条件がそろっていなかった。あるいは、それを具体的に実行する勇気のあるローマ教皇とその配下の人々、集団が出てきていなかったのです。そういうところへグレゴリウス七世という、ひじょうに信仰も深くて、人々から尊敬を集めると同時に、きわめて政治的に大胆にふるまう勇気もある、いろいろな意味で二拍子も三拍子もそろった人物がローマ教皇に任命されたのです。ですからさきほどからいっているように、教会の改革の理念とか方法は、それ以前からもいろいろと試みられていたのですが、グレゴリウスが教皇になって、何が変わってきたかというと、改革のスピードが速くなってきたのです。そして事実、彼が教会の改革を完成したのです。という意味で、グレゴリウス改革といわれます。

グレゴリウスという人はおもしろい人物なのです。つまりマックス・ウェーバーがいっているわけですけれども、ローマ教皇に当代随一の宗教人というのは、けっして選ばれなかったのです。ですからローマ教皇に選ばれる人というのは、いろいろな利益集団から支持されて票が集まる、どうってことのない、どこからも難癖がつけられない、あの人物をおいておけばまあ無難だろう、という観点から選ばれるものなのです。しかし改革の気運がそれだけ強まったのです。ヒルデブラントというあの人を教皇に任命して改革を促進させたほうがいい、もはやローマ教会は堕落の淵に沈んでしまったから、これから再生しなければいけないという切迫感が、人々に鬱勃としておこってきたのでしょう。そしてその結果として、ヒルデブラントがローマ教皇に選ばれ、グレゴリウス七世を称したのです。

グレゴリウスは何を意図したかというと、第一に政治学的にいいますと、キリスト教社会の統一とそのメンバーの調和でした。

第二に、教会という法団体が持っている全面的な自由・特権（libertas）の追求、これが彼の意図なのです。これは具体的にいいますと、ローマ教会が世俗支配者のコントロール下にあるという現実を見るならば、教会の聖職者の一人ひとりが、封建領主（世俗支配者）のコントロール・支配の網から脱却すること、そして教会財産のコントロールも世俗の支配者の侵害から守られねばならないということです。言葉をかえていうと、教会を非世俗化するということです。

グレゴリウスは、その当時の彼が生きていた時代の教会が堕落の淵に沈んでいるという意味において、聖職者とキリスト教世界をこの悪から解放しなければならぬ、という宗教的使命感をいだいていました。自分はそういう宗教的使命を負わされているという自覚を持っていたのです。これは別の表現でいうと、社会をキリスト教化するということです。聖職者とキリスト教世界を、堕落状況においているこの悪から解放しなければならないといっているわけです。これはどういうことかというと、解放するためには、あるいは聖職者とキリスト教世界から悪を追放するためには、社会全体、聖職者全体（サケルドティウム）を、純粋にキリスト教化しなければならないと考えたのです。

いまいっているグレゴリウスの二つの意図を実行するためには、全ヨーロッパに散在しているカトリック教会の聖職者を、教皇が支配すべきであるという方向に進んでいくわけです。この聖職者たちは当然のことながら、一般民衆の魂の救済ということを取り扱う人たちです。それゆえグレゴリウスの意図でいえば、聖職者が封建領主たちの封建的統治の手先になるというようなことは、言語道断と彼は考えるわけです。

このような改革を実行しようとしたら、当然のことながら、それはあの当時の、制度的に定着している慣習を破壊することを意味します。中世では、慣習というのは現在のわれわれが考えている以上に、強い拘束力と神聖性を担わされていました。われわれ現代人は、慣習というのは古いものという意味で、古いものが良いものだというふうに考えません。

ところが、中世は逆です。新しいものは悪いものです。古いものが良いものなのです。慣習というものは、昔からいまにいたるまで伝わってきているから、慣習なのです。ですから、昔からあるもの、古いものは良いものということで、慣習の拘束力というのはとても大きいのです。その慣習の中には、法規範的な慣習も、人間の身のふるまい方の慣習もセットになって含まれています。だから、法と道徳が分離していないというのが中世の法的特徴、道徳的特徴とするならば、まさにこの法と道徳が分離していないということと背中合わせになって、慣習と法というものが未分離の状況にあるわけです。つまり、慣習が法的拘束力を持っているということです。グレゴリウス改革は、この慣習を廃棄せざるをえないというのですから、当時の人々に与えたショックを、われわれは想像しないわけにはいきません。

さて、グレゴリウスがローマ教皇に選ばれるにあたって、もう一つ注意しておかなければならないのは、こういうふうにグレゴリウスの教会刷新が可能な状態になったということは、世俗の支配者が持っている組織に対抗するのに十分な組織が教会側に成長してきたということです。ローマ教皇としてのグレゴリウスが改革を実行するにあたって、世俗君主とか世俗化した司教たちに対抗していくことが可能になるためには、ローマ教皇自身の立場が強く確立していないとだめなのです。そういう意味では、十一世紀の中頃からローマ教皇庁、すなわちローマ教皇およびその聖職官僚集団（ローマ教皇の意志を実行する聖職者の人たち）、これが十一世紀の中頃には、教会を堕落から解放するにたる組織として成長してきていました。

たとえば一〇五九年には、ローマ教皇という地位は、枢機卿団によって選出される制度になってきているのです。それはつまり、ローマ教皇をかつては皇帝が任命していたのを、ローマ教会内の枢機卿団によって教皇が選出されるという選挙制に制度的に切り替わってきたということです。当然のことながら、選挙制ですから、ローマに集まった選挙権者たちに皇帝が圧力をかけたり、ということもあるのです。そういう形で皇帝の意志は伝わりましたけれど、直接皇帝が任命するということはなくなりました。選挙によって、まがりなりにも聖職者集団によって、ローマ教皇が選挙されるようになったのです。こうして教会というものが、世俗の君主とは自立した組織として成立してきていたということ、これが重要なのです。

ところで近代の国家と類似したものが中世にあるとしたら、いちばんそれに近いものはローマ教会です。近代国家はアンシュタルト（Anstalt）・法的造営物です。それはまた、法強制団体でもあります。

アンシュタルトとは、つぎのような特徴を持った団体です。その団体には制定された秩序があり（国家法）、その秩序は効力の及ぶ範囲が限定されており（国家の領土）、そしてその限定された範囲内の構成員（国民）が行う行為の中で、法的規律の対象となるいっさいの行為に対して、相対的な形で実効ある指令を下すのです。さらにつけ加えるとするならば、この制定された秩序（国家法）を構成員（国民）に指令して遵守させたり、違反者を処置するための官僚が存在していることは、当然の前提とされています。このような意味で、アンシュタルト（すなわち近代国家）は法強制団体なのです。

そして中世ローマ教会がその特徴からして、きわめて近似した形態を持つアンシュタルトだといわれているのです。「国家法」を「教会法」に、「領土」を「ローマ教会」に、「国民」を「教会員」に置き換えて考えてみれば明らかだと思います。そこには最高の支配者が一人存在しています。それから、その支配者の意志を正式に伝達する法律が存在しています。それを具体的に実行する官僚集団（聖職者も宗教官僚なのです）により、この官僚制が成立していました。

この近代国家のアンシュタルトとしての性格を中世に持っているものは何かと探してみると、ドイツ皇帝の組織、これもなんだかアンシュタルトとしてはっきりしていないし、封建領主の支配機構、これもひじょうにプリミティヴなものです。いちばん整備されているもの、これは中世ローマ・カトリック教会でした。じつをいうと、「近代の政治概念、国家概念の多くは、中世の神学概念の世俗化したものである」ということがいわれているわけです。カール・シュミットという、ひじょうにすぐれた憲法学者・法哲学者・公法学者がいった言葉ですけれど、これはあたっていると思います。彼の『政治神学』という本に書いてあります。

ここでグレゴリウスが登場してきて改革を叫ぶと、彼の政策にいちばん損害を受けるので反対したのがドイツ皇帝ハインリヒ四世なのです。ハインリヒは、在位が一〇五六年から一一〇六年までです。このハインリヒ四世とグレゴリウスとの争いですが、もっぱらハインリヒにかかわることでいうと、グレゴリウスは、司教とか修道院長にドイツ皇帝が俗人を任命するという慣習が誤りであると理論的に非難したわけです。

これまで述べたように、十一世紀までは教会運営を俗人がコントロールしていました。皇帝は、帝国の統治策の一環として、各地に自分の有能な部下を派遣するわけですが、各地の高位聖職者、すなわち大修道院長、大司教、司教、そういう人を自分の統治政策の一環として任命していくのです。教会の施設とか教会の管理人としての聖職者というのは、教会をつくった人が任命するのが正当にして合法であるとするのが、ゲルマン人の財産観、あるいは封建法なのです。

ドイツ帝国の政治組織においては、司教という高位聖職者はもっとも有効な行政機関と考えられていたのです。司教とか大修道院長をドイツ皇帝が任命するということは、皇帝の帝国政策の中心だったのです。ですからこれを非難、攻撃されて、ローマ教皇の手にそれを返せといわれることは、皇帝側からいったら、自分の右手を切り落とすに等しいことだったのです。ドイツ皇帝と司教との関係は、王と封建家臣との関係だったのです。

じつをいうと、教会改革の側から見れば、この習慣こそ、聖職者階級（サケルドティウム）の中にふさわしくないメンバーが存在する根本原因なのだと考えられ、あるいはサケルドティウムという人間集団の規律が弛む根本原因だというふうに考えられてきたのです。当然のことながら、教皇と皇帝は争います。教皇は皇帝を破門する、皇帝は教皇を廃位するという形の応酬があったのです。

この破門という言葉は、現在でいうと、先生が自分の気に食わない弟子を破門するというい方がありますけれど、ラテン語で、エクスコムニカツィオ（excommunicatio）といいます。これはどういうことかといいますと、コムニカツィオ、すなわち人間のまじわりから追い出すということです。人間と人間のコミュニケーション、それはどういうことかといったら、キリスト教社会の中においては、人間はすべてキリスト教徒であるということで、その社会の正規の構成メンバーとして、名誉と権利が認められていたわけです。その中の構成員はコムニカツィオ（人間としてのまじわり）を持っていたのです。このコムニカツィオから追い出すということは、人間のネットワークから追い出すということです。そうすると、人間ではなくなるのです。破門されるということは、人間として当然持っている名誉と権利というものが失われても、回復する資格と能力がないということなのです。

封建領主が私で、何人かの人が封建家臣として私と封建契約を結んでいたとします。私が教会と衝突して、教会から破門をくらうとする、私はキリスト教社会の正規のメンバーではなくなったわけです。そうすると、私と封建契約を結んでいた家臣たちは、私が正当な権利と名誉を持った人間ではないとみなしていいわけです。ですから、私との間に結んだ契約は、そこで解除されるのです。その契約に基づいて、封建家臣団は私にいろいろと便益を提供し、奉仕していたわけですが、その封建的拘束がなくなるのです。極端なことをいったら、私と封建契約を結んで私に臣従していた人たちは、結託して私に謀反を起こしても、その謀反は反乱罪にはならないのです。私は正規の人間ではないから、私を殺しても罪にならない。破門というのは、それだけの恐ろしさがあるのです。

ですから破門された人間は、破門を解いてもらうために、たいへんな努力を払うのです。ただしこれは、人々がキリスト教を信仰していて、コミュニケーションが重要である、そのコミュニケーションを支えているのはキリスト教信仰であり、それを制度的に支えているのは教会であるということを、社会の多くの人たちが認めているということが大前提です。そのことを人々が認めなくなれば、教会が自分に逆らった人間を破門したとしても、多くの人たちが、「あの人のやっていることは正しいのだから、教会が破門することのほうが不当だ」というふうに思ってしまえば、破門の効果は全然ないのです。一つの社会の中で一元的に一つの宗教が信じられていること、そしてその宗教を担保している教会組織がただ一つ存在し、その社会の中の全員に信頼されていること、これが破門を効果あらしめるための大前提なのです。

皇帝は破門されると、自分に封建臣従していた各地のドイツの封建領主が反乱をするので、ひじょうに政治的に苦しめられます。ピンチに陥ります。破門を解いてもらうことが政治的に自分の利益を回復することですので、それで「カノッサの屈辱」にあまんじて、ローマ教皇に許しを請うたわけです。破門を解いてもらって、ザクセン人の反乱を鎮圧する正当性を回復しなければいけない、そういうことなのです。そういう意味では、叙任権闘争というのは、破門された皇帝に分が悪いのです。

破門が効果があるということは、この時期、十一世紀の後半には、昔ゲルマンの野蛮人といわれていた人々がキリスト教の信仰を受け入れていたということの、社会学的な証明になっているといっていいでしょう。

では、叙任権闘争の政治思想上の意味は何か、ということですが、それは、キリスト教社会の究極的な指導権を保有する者は誰か、という問題をめぐる理論闘争であったわけです。キリスト教社会の究極的な指導権を保有する者は誰か、ローマ教皇かドイツ皇帝か、という理論闘争です。そういう意味では、叙任権闘争が起きたということは、教会と帝国の双方が、この時期までに制度的に発展してきていたという事実の証明でもあるわけです。

ところで、ここにグレゴリウス七世にとっては強い味方、理論的根拠があったのです。これは聖書から得られたものなのです。人々が、キリスト教信仰を深く受け入れたということは、キリスト教信仰の源泉である聖書の内容を、人々は正しいものとして受け入れていたということです。聖書に書かれていることを、人々は信頼し権威あるものと考えていました。

その理論的根拠とは、ローマ教皇には「つなぎ解く権力」があるということです。

これはじつをいうと信仰の問題なのです。聖書の中でイエス・キリストがペテロにいいました、「おまえにつなぎ・解く権力を与える」と。罪から解放する権力、それから教会に人々をつないでおく権力です。いまこの問題には深く立ち入りません。これは信仰の問題になってしまうからです。前に、中世で重要なのは、法律と道徳が未分化の状態だ、といいました。そうすると、信仰の問題が倫理の問題、あるいは倫理からさらに法的な問題に容易に転換しうるということが中世文化の特徴なのです。

信仰的な内容のものが、その社会の法的な拘束力を持つというのが、中世社会の特徴なのです。ですから、つなぎ・解く権力、キリストからペテロに与えられ、ペテロの後継者であるローマ教皇に代々与えられていると考えられていた、この宗教的なつなぎ・解く権力というものが、世俗社会の問題にまで拡大されていく、というのが中世の特徴なのです。もう一度繰り返しますが、宗教の問題は宗教の領域だけ、世俗の領域には別の原理が働くという発想は、近代の発想なのです。中世はそうではないのです。このことをわれわれははっきり自覚しておかないと、ヨーロッパの中世社会がわからないのです。

現代の人間は近代的思想の洗礼を受けて中世を見ているわけですが、また見ざるをえないわけですが、近代的な見方のみで見ると、中世に対する理解が不十分になる危険性を自覚するのが歴史研究家の務めなのです。ヨーロッパの十一、十二世紀というのは、法律と道徳の未分離、政治と宗教の未分離、つまり一体のものだと考えられていた時代なのです。これが区別されて考えられるようになったのは、十六世紀の宗教改革以降なのです。

グレゴリウスのものの考え方が、十二、十三、十四世紀と三百年間にわたって影響を及ぼす、あるいはグレゴリウスの主張が萌芽的に存在し、そしてその萌芽が徐々に成長していく、というのが思想史的な見方としていえるのです。つまり人間の問題については、精神的・霊的な問題のみならず、世俗行為についても教会が指導する権威があるのだ、という主張なのです。これが徐々に成長し、発展していくわけです。ローマ教会の最高首長であるローマ教皇、ラテン語のパパ(Papa)が最高の権威者であるべきだという主張に成長していくわけです。

この主張は、キリスト教とはあまり関係のない新プラトン哲学のものの考え方、つまり霊肉二元論(肉体より霊魂のほうが優位に立つ)、あるいは精神と物質の二元論(物質より精神のほうが優位に立つ)に基づき、精神が物質を指導すべきである、霊魂が肉体を指導すべきであるという思想的原理をキリスト教が援用することによって、いまのような理論が成り立つのです。キリスト教では、新約聖書に書いてあるかぎりでは、「カエサルのものはカエサルに、神のものは神に」、というプリンシプルがあります。ところがこの言葉はひとたびかっこの中にくくられて、ローマ教皇が主導的地位に立つのに便利な原則、新プラトン哲学から来た霊肉二元論のほうが利用されたのです。

中世ローマ・カトリック教会のイデオロギーとしては、新プラトン哲学のみならず、主として聖書が利用されました。権力に関する聖書の公理としては、すべての権力は神に由来するのだ、神から引き出されるのである、というのは、西暦一世紀以来の公理なのです。公理というのは、証明する必要のない原理です。証明する必要のない法則であるというのは、すべての人々がキリスト教を受容していて、キリスト教のいっていることは正しい、教義と聖書の解釈もローマ教会が解釈したものが正しいということを、信じているときに、この公理は妥当するのです。近代になり無神論者が出てくるとか、同じキリスト教でも、プロテスタントとカトリックというように、聖書の解釈が違ってきますと、公理が公理でなくなるのです。その問題は中世末期に、ヨーロッパの知識人や教会聖職者を苦しめた問題です。

とにかく聖書が成立して以来の公理として、すべての権力は神に由来する。これがはじまりなわけです。ゲルマン文化に存在した、指導者は人民によって選ばれる、人民の歓呼賛同（アクラメイション）によって指導者が選出されるという政治的神話も、じつをいうと、人民に選ばれた者も、キリスト教的儀式なしには職位に就くことはできない、というふうにキリスト教的に修正されるのです。このことは政治権力に対して宗教的権威が介入する正当性を与えることになります。これを厳密に考えると、政治権力に対して宗教的権威が介入する正当な根拠があるのだということを認めることにつながっていくのです。ですから、十三、十四世紀、宗教的権威としてのローマ教皇が政治的問題にしばしば介入したという歴史的事実があるのです。介入というと不当な介入を思いますが、介入する正当な権利として認められていたのです。

前に、レスプブリカ・クリスティアーナ（キリスト教社会）の中で、政治と宗教は未分離だから、皇帝と教皇の違いは、たんに職能としての違いしかなかったのだといいました。中世キリスト教世界というのは、二つの中心からなる楕円であるといわれます。すなわち、一方の中心は楕円全体にかかわっている、また同時に他方の中心もその楕円全体にかかわっている。とにかく中心が二つ存在してはじめて楕円が成立するわけです。こういう状況ですと、二つの中心が一つの問題に対して、どこまで責任を負うことができるか、あるいはどこまで自分の権力を及ぼすことができるか、管轄権（jurisdiction）の問題がつねに争われるわけです。しかし、争っている双方の価値観は同じなのです。キリスト教的価値観ということでは同じなのです。その基本である聖書の神聖さと正しさは、争っている双方とも認めているのです。問題は解釈なのです。

ローマ・カトリック教会と、分裂したプロテスタンティズムという二つのキリスト教の宗派による聖書解釈上の争いがある以前に、すでに世俗権力側による聖書解釈とローマ教会側の聖書解釈の相違も現われていたのです。それをイムペリウムとサケルドティウムという形で、私は区別しました。中世でいわれることは、土俵は一つ、ルールも一つ、しかしその土俵の中で争う双方が存在するということです。近代はそうではないのです。土俵も違うし、ルールも違うところで争われたので、武力衝突になったのです。その武力衝突を一つの土俵の中でしよう、ルール化しようとしたのが、社会契約論なのです。

中世では、土俵は一つ、争う場はキリスト教社会という一つの全体の中です。正当性を証しするものはキリスト教、なかんずく聖書です。聖書をどういうふうに解釈するか、自分の解釈をどういうふうにしたら相手に納得させることができるか、ということで、自分の主張を論理的に展開する努力を人々は重ねました。ここに、中世政治思想が理論的に展開する契機があるのです。

ヨーロッパで合理性というものが重視された、同じキリスト教でもラテン・キリスト教で合理性が育まれて発展してきたといいましたけれど、合理性がなぜヨーロッパで展開されたかという一つの大きな原因は、中世で一つの土俵の中において、イムペリウムとサケルドティウムが聖書の内容を解釈する、相争う側も同じものを解釈するということで、自分の解釈を相手にぶつけて、相手を納得させ、同意を得られるように、一所懸命、論理的に説明するという営みにあったのです。土俵が違う、解釈すべき本も違うといったら、決着がつきません。あとは力が解決するだけです。そのような文化においては論理的説明などは必要ありません。

土俵は同じ、解釈すべき本も同じ、しかし争う相手がいない、唯一超越的な権威者が一人いるというのだったら、論理的展開も必要ないわけです。ところがヨーロッパが幸せだったのは、サケルドティウムとイムペリウム、宗教的権威を標榜する聖職者階級および聖書と、皇帝権すなわち政治的最高権力およびそれを支えるローマ法という、宗教と政治の二つの権力が同時に存在しつつ、相対立している構造があったから、ヨーロッパにおける政治思想の合理的発展が促されたといえるでしょう。

この合理性というのが政治思想だけではなくて、ラテン・キリスト教文明圏では、信仰そのものをロゴス的（理性的）に展開するということで、神学ができてくるわけです。神学の祖はアンセルムスからといわれています。ギリシア哲学の強固な伝統をわきに持っていつつ、自分たちの信仰が哲学とどのように対決し、哲学の側からの批判にたえる信仰の体系をつくろうと努力する。その努力の結果として、自分の信仰を理性によって吟味し、体系化していくようになったのです。熱心な信仰が狂信に陥らなかった原因がここにあります。そういう行為をとおして神学が形成されたのです。このことは政治思想の本筋からはずれますが、通底しています。ものを考える行為の基準を合理性におく、理性におくという点は共通です。政治思想を展開する側も、神学という営みをする側も、合理性、理性を駆使するという意味においては通底しているわけです。

グレゴリウス改革では、十一世紀後半ですが、政治思想の合理的展開が、宗教的動機によってつき動かされた、ということが興味あることです。キリスト教的政治思想を合理的に展開する、あるいはローマ教皇の宗教的権威を体系化して相手を納得させる合理性も、それを、背後で支えているのは宗教的情熱です。このヨーロッパ・キリスト教社会という一つの社会を、どういうふうにしたらキリスト教的に正しいものにできるか、その情熱のもとに行われたのです。

(2) 改革以後

さて、ローマ教皇が主導する権威とは、どういうものでしょうか。

第一にグレゴリウスが主張したテオクラシー(神政政治)は、プリミティヴないい方しかしていないのですが、政治と宗教の区別、教皇と皇帝とは異なる存在であると主張して、道徳的、霊的権威であるローマ教皇が皇帝を廃位する権限を持つこと、皇帝を選出するプロセスを監督すること、汚ない選挙が行われないよう監視すること、封建諸侯に対して導き手として奉仕し、助言することが可能である、という内容です。つまり道徳的、霊的権威として教皇は確立されるべきであり、確立された道徳的、霊的権威というものは、必然的に世俗の問題に対しても、良き監督者、良き助言者であることが可能なのだ、といっているのです。後になってこれを法的に体系化していくと、ローマ教皇のみに真の主権が与えられるべきであるという理論に成長していくわけです。

グレゴリウスは自分の考えを法的理論としては展開しませんでした。彼は教会法学者ではなく、ひじょうに熱心な信仰の持ち主であるローマ教会の指導者です。グレゴリウスは当時の人から、宗教的な人（ホモ・レリギオースス）といわれました。彼は政治家ではないので、政治的にある種の行為が自分に有利であるにもかかわらず、信仰に反するからと、そういう行為を助言者のいうとおりにしなかったことが、たくさんあります。彼は、道徳的、霊的な権威としては教示・助言することもできるといいました。しかし、これを法的に理論転換していきますと、ローマ教皇だけが真の主権を持つことができる、という理論にのちに成長していくきっかけが、ここにあったのです。

以上を第一番とすると、第二番は、ローマ教皇はそれまでローマ・カトリック教会で飛びぬけて高い地位ではなかったのですが、このグレゴリウス的テオクラシーが定着していくにしたがって、ローマ教皇の教会内での地位が必然的に上昇していきます。グレゴリウス以前は、ローマ教皇は、たんに高位聖職者の第一人者、同等者の中の第一人者にすぎず、教会は、教会会議に集まった司教によって統治されていました。ところが、ローマ教皇の道徳的、霊的権威を高めるということは、結果としてローマ教皇によるキリスト教世界の中央集権的体制ができてくるわけです。これは具体的にいうと、ローマ教皇が君主になるということなのです。世俗君主と同じ政治的実権をのちには持つようになるのです。キリスト教文明圏を、教皇が単独で、宗教の問題においても、政治の問題においても治めているということです。ローマ教皇が教会の上に立つと同時に、国家の上にも立ち、社会全体を支配するという理論に成長していく萌芽が、十一世紀末のグレゴリウス改革のときのテオクラシーにあったわけです。

さて叙任権闘争を政治思想史的にまとめ、位置づけてみましょう。

叙任権闘争は、世俗ヒエラルヒー（イムペリウム）と聖職者ヒエラルヒー（サケルドティウム）、この両方において共通認識ができたことです。それは共同体の権利を主張するということなのです。世俗統治分野におけるさまざまの共同体の権利を前面に主張する、共同体を束ねる一人の支配権ではなく、共同体全体の利益と権利と権威を主張するということが、政治の前面に出てきたのです。この共同体の権利というのは、具体的にいうと、共同体の支配者が被支配者に対する義務を怠ったならば、共同体が支配者を訓戒するか、罷免することができるということなのです。あくまでも共同体ができるのであって、共同体の有力者や共同体の一部分が支配し、支配者を訓戒したり罷免したりできるというわけではないのです。共同体が全体として、つまり団体としてできるということなのです。

ヨーロッパ中世でも、また近代・現代でも政治領域で重要なのは団体です。これが政治社会の基本なのです。これをラテン語でいうと、コルプス（corpus 団体）です。コルプスというのは人間の身体でもあるわけです。古代地中海世界では、人間の身体（有機体）と、社会全体を同質のものだと考えました。前述したごとく、それを有機体理論といいます。社会全体を人間の有機体と考えて、支配者が頭で、何とかが心臓であるとか、足であるとか、手であるとか表わすわけです。古代キリスト教世界でも、教会を「キリストの身体」という表現で表わしました。そういう言語的伝統があるのです。

重要なことは、共同体の権利、これが前面に出てきたのです。支配者側はこの主張に対して、自分の権威は神から与えられたものであって、共同体に由来したものではない、という対抗理論をつくりました。これを神授権説といいます。共同体理論と神授権説は真っ向からぶつかる面があるとともに、中世では、時代が進むにしたがって、両者を融合、綜合するような理論もつくられてきました。まさに対立するテーゼとアンチテーゼというものが眼前に現われたときに、この両者をジンテーゼとして綜合化するということが、思想の合理的展開なのです。こういうところに、ヨーロッパで、自分の主張を理論化する、すなわち自分の主張を合理的に述べて相手を説得し、納得してもらうという営みが、熱心に行われたわけです。

叙任権闘争で、サケルドティウムとイムペリウムが、霊的な権限と現世的な権限という双方を管轄する場合、聖職者階級（サケルドティウム）が霊的問題を管轄する、世俗権力者側（イムペリウム）がこの世的な問題を管轄するのだ、というように、区別が、認識の根拠とともに自覚化されたのです。これは重要です。ものごとが区別され、それが自覚化されるか、無自覚で区別されるかでは大違いで、そこに理論が発生するかしないかの分水嶺があるのです。自覚化があるかないかが、決定的に重要なのです。近代に分かれていった国家と教会、政治と宗教というような区別に向かっての最初の出発点、これがグレゴリウス改革にあるのです。しかしまだ完成はしません。完成するには約五百年かかるのですが。

われわれ日本人は、歴史の問題とか歴史的なるものを現在にまで引き寄せて、現代の問題を解決するという発想に乏しいのです。ヨーロッパ人というのは、キリスト教を信仰したおかげで、歴史性ということを重視する人々なのです。なぜならキリスト教では、神が宇宙を創造して以後、時間は直線的に宇宙の完成に向かって進行していると考え、その中の人間の行動も時間的進行過程として把握されます。つまり歴史です。そして神の意志は、この歴史の中に間接的に啓示されていると人々は考えました。過去の自分たちの先祖のやった行為は現在の自分たちのもの、過去の栄光はいまの栄光、過去の罪は現在の自分たちの罪、という自覚がひじょうに濃厚なのです。日本人は「みそぎ」という言葉で象徴されるように、おはらいを受けるとすべて過去が洗い流されてしまうと思っているのです。そのへんが、われわれ日本人とヨーロッパ人の違いなのです。

ドイツ人がナチズムの犯罪的行為について、ナチズムそのものを犯罪として同国人を追及するとか、犯した罪を自分の罪として弁済しようと現在でも努力しているということは、歴史感覚が日本人とは違うからだと思います。日本人は、過去のことは水に流して新しく出直そうといいますが、両者の違いは宗教的な背景から考えたほうがよさそうです。人間にそういうことを自覚させるものを背後に持っているか否かの問題だと、私は思います。

歴史においては明らかに、連続と不連続、連続と飛躍があります。連続にも発展があります。連続的発展と、連続を飛び越える非連続的な発展があります。しかし非連続的発展に意味があるということは、連続性というものが存在しているから、伝統というものが大切にされているからこそ、それを断ち切っていく、新しくするということに意味があるのだと思います。伝統のないところで過去を断ち切って、新しいものをつくるということに意味があるとは思えません。伝統と革新という両者は、緊張関係にあるのです。一方がなくなれば、他方も無意味になってしまうのです。

ヨーロッパが五百年かかって国家と教会の区別を明確にしたということを確認して、つぎに移りましょう。グレゴリウス改革の政治思想的意義として、つぎに考えられるのは、ラテン・キリスト教世界で皇帝教皇主義（Caesaropapismus）が成立する基盤は、原理的に否定されたということです。叙任権闘争の最中にも、皇帝教皇主義の萌芽が出ていました。それは皇帝が「王にして司祭」であるという主張です。これは古代ユダヤの伝統で、ダビデ王が最高の政治的支配者にして最高の宗教的権威という形で「王にして司祭」であるといわれたことに源泉があります。それが旧約聖書を経由してキリスト教文化圏に入ってきたわけです。

叙任権闘争のとき、皇帝教皇主義、あるいは「王にして司祭」ということを皇帝側がいい出してくるのですが、ローマ教皇側から否定されます。と同時に、「王にして司祭」というういい方をすると、ローマ教皇制度ががっちりとあるラテン・キリスト教文化圏では、宗教問題に関してはローマ教会側が発言する権利があるから、「王にして司祭」である皇帝に対しても、自分たちの意見を受け入れる義務があるという論理が出てくるわけです。そこで皇帝の側から見ると、「王にして司祭」ということをいうと理論的に弱いということになって、王は王、司祭とは関係ないという形で理論づけをしていくわけです。こういうところに合理化が進んでいくわけです。

皇帝教皇主義を否定する原理としては、カエサルのものはカエサルに、神のものは神に返すということであり、これは新約聖書に明言されているわけです。現世においてこの原理を支持する組織がなくては、この原理は維持・発展できないのですが、支持した組織というのが西ヨーロッパではサケルドティウム（聖職者階級）でした。古代ローマ帝制下のキリスト教からじわりじわりと成長し、ローマ教皇を中核としてヨーロッパ大陸の西側に成立してきた、制度が確立・整備されてきたローマ・カトリック教会、これがあったがために政治権力に対抗できたわけです。

とにかく、一つの確固とした組織がローマを中心として存在したゆえに、政治権力に対抗する宗教権威として、ローマ教会は対抗しえたのです。結果として、ラテン・キリスト教世界では皇帝教皇主義が成立できなかったのです。これは人類に対する遺産として、きわめて大きいことです。前述したように、こういうところに信仰・思想の自由というものが芽生えたわけです。政治思想史的にいうと、それはひじょうに大きな意義があります。ヨーロッパでは、宗教が政治を、政治が宗教を圧倒するということは、これ以降ありませんでした。一方が他方を圧倒して根絶やしにするということはありませんでした。一方のみが優越的に存続するということもなかったのです。

この結果もう一つ重要なのは、世俗支配者が神の化身であるというような思想も、ラテン・キリスト教世界では定着しませんでした。ところが世俗支配者が神の代理人、神の化身であるという政治文化は、洋の東西を問わずたくさんあります。過去のどこかの野蛮な国のやったことで、われわれ日本人には関係ないと思ったら、とんでもない。それは過去に対する日本人の無知です。一九四五年八月十五日以前まで、天皇は神だったのです。天皇は現人神《あらひとがみ》といわれていたのです。あなたがたのおじいさん、われわれのお父さんの世代までは、ほとんどの人が疑わなかった。疑った人は非国民として、日本人ではないという形で排除されたのです。政治文化として、支配者が神の化身であるということは比較的多く存在するのです。

ところがラテン・キリスト教の世界では、そうした考え方は少し芽生えてもすぐ消されていくのです。それくらいキリスト教の側から、神以外の存在を神としてはならぬという思想原理に立ってなされる理論攻撃が強かったのです。こういうような形で、ヨーロッパのラテン・キリスト教というのは、文化的に、政治と宗教、理性的なるものと非理性的なるものという形の区分が徐々になされていくのです。それがヨーロッパ文化の人類史に対する貢献といえるわけです。われわれはその遺産を享受しているのです。

さてグレゴリウス改革・叙任権闘争というのは、政治学的に、あるいは政治思想的におもしろい問題をはらんでいます。ここで、信仰という権威に基づいて人々を心服させる時代から、権力という形でローマ教皇が君主という形になっていって、権力で人々を支配するという時代に変わっていくわけです。グレゴリウス改革・叙任権闘争というのは、ちょうど一つの転換期になるのです。

最初は正しい意味での権威。あなたがたは、ある人に道徳的権威、学問的権威を認めたら、その人のいうことを正しいと思って自主的に聞き従うでしょう。ところがそういう権威というものが存在しなくなって、権力的支配が行われると、われわれは、あの人は正当な権力を持っている、ゆえにあの人に従う、という形になる。従わなければ物理的制裁を加えられるからです。道徳的権威に従わなくても物理的制裁は加えられないのですが、ヨーロッパ中世は、この叙任権闘争を契機として、権威的支配から権力的支配に転換していきました。教会は、信仰的権威者の周囲に信者が集合する霊的共同体から、正しく訓練され、正規のライセンスを保有した聖職者が正式のルールに基づいて一般信者を統御する、法的組織体に変わってきたのです。

叙任権闘争以前ですと、普遍的信仰はそれに基づく信仰的権威で担保にされていたのですが、以後はローマ・カトリック教会という普遍的制度・宗教制度によって担保されるようになりました。しかしそれは、たしかに宗教的組織であるけれども、同時に行政的統治組織（ガヴァメント）なのです。教会が統治体になったわけです。信仰者の霊的共同体であるものが、別の側面を持つようになったわけです。教会は、支配者がいて被支配者が多くいるという統治体になったのです。

統治体としての様相が前面に出てきた教会がどういうことをやったかというと、制度そのものが普遍的だと主張するのです。神と自分たち教会とが連続的に有機的な関連性があるということで、神という普遍性と自分たちがつながっているという意味において、ローマ・カトリック教会も普遍的であるという説明の仕方になっているのです。換言すれば、神的秩序と自然的秩序が連結して存在していると考えられたのです。神的秩序と自然的秩序の問題を、以下にお話しします。

2　普遍的秩序

（1）　神的秩序と自然的秩序

彼岸と此岸　古代末期のキリスト教的大思想家で、アウグスティヌスという人がいます。この人の信仰と神学が、ヨーロッパ中世では大々的に受け入れられました。十六世紀の宗教改革でも、アウグスティヌスは、カトリックから離脱しようとするプロテスタントの側でも正しい信仰者、正しい神学者であるといわれたのです。プロテスタンティズムの側からいうと、アウグスティヌスをせっかく受け入れていながら、中世ローマ・カトリック教会側が、彼の神学と信仰を歪曲してしまったから、このような堕落が起こるのだといいました。そして自分たちはアウグスティヌスを模範としながら、聖書のみに信仰の源泉を求めるという形をとったのです。カトリックの側でももちろん、アウグスティヌスのいっていることは正しいのであって、アウグスティヌスを自分たちは正しく受け入れたし、このような教会という制度的形式をつくったのも悪いことではない、と主張しました。

アウグスティヌスの政治思想は、中世の政治思想にひじょうに大きな影響を与えました。現代から見たアウグスティヌス政治思想の解釈とは違う形で、中世初期の人たちはアウグスティヌスの政治思想を強調しました。一方的に偏った強調の仕方をしたのです。それはどういうことかというと、この世の秩序とは異なる神の秩序、神的価値を強調しました。それ以外の人間社会も含めた宇宙などの自然的秩序の存在は、ひじょうに価値の低いものとみなされたのです。

ましてや政治社会というものは、人間の原罪の結果としてできた組織であって、本来なら一刻も早く罪が抹消されて清められねばならない存在と考えられたのです。ですから人間社会の制度、法制度とか支配権力制度というものもすべて、人間の原罪から派生したものであって、キリスト教的原理から見たら、こういう法制度とか支配者、領主というものは、負の価値を背負った存在と見られたのです。人間社会内のすべての制度が、キリスト教的観点から見て無意味・無価値だというふうに強調されたのです。神的秩序と自然的秩序の間には何物にも越えがたい断絶があるといわれたのです。

神的秩序と自然的秩序を言葉をかえていうと、彼岸《ひがん》と此岸《しがん》です。あちら側とこちら側。仏教文化圏に住んでいるわれわれは、お彼岸という言葉を知っています。仏教でいうあの世とこの世です。日本人は彼岸と此岸という言葉を使います。神的秩序が彼岸、自然的秩序が此岸、そこに徹底的な断絶があって越えられないということが強調されたのです。

ところで十二世紀というのは、社会がキリスト教化された時代です。そしてキリスト教の教義の中で、人間はすべて神の前で兄弟であるという思想原理が歴史の前面に出てきます。

さて、新約聖書はギリシア語で書かれているのですが、ギリシア語で兄弟愛というのは、フィルアデルポスです。キリスト教教義の兄弟愛が社会の現実の形成原理になったのは十一、十二世紀です。この時期は農業の大躍進により、富が原始蓄積された時代です。ライン河、ロアール川流域の豊かな土地が、大農業地帯になっていくわけです。富の蓄積がそこで行われたのです。すると富を求めてアルプス以南の商人がやってくる。農業生産物以外にも、ゲルマン人はいろいろ生産しました。毛皮や琥珀などの宝石類もあります。そして商人と農民たちの交易市が立ち、都市ができるのです。しかも都市ができるのは交易市だけではありません。

都市の成立時期は一様ではなく、発展にも一般法則は存在せず、それぞれの個性を保持しつつ、成長しました。十二世紀にはヨーロッパ各地に多数の都市ができていました。都市というのは、防壁をつくって、その中に人間たちがつつましく生きていく、昼間は城門を開いて外からの人を受け入れ、夜は城門を閉じてひっそりと、狼や盗人から都市の中の生命や財産を守るという形をとるわけです。最初都市を形成するということは、どこの馬の骨かわからない連中が集まって都市をつくり、運命共同体となって敵や害獣から身を守る、財産を守るということをするのです。都市民同士は、最初はどこの連中かわからない者同士なのが、信頼しあわなければいけないわけです。

どこの誰かもわからない連中が相手を互いに信頼し、自分も相手から信頼してもらうにはどうすればいいか。自分たちが運命共同体のメンバーであり、同じアイデンティティを持っているということを確認しあわなければなりません。本来的には人間は隣人に対して狼である。その人間存在が戦いをやめ、狼性を捨てるにはどうしなければならないか。お互いにキリスト教の信徒になり、自分も神の前であなたの兄弟である、あなたも私にとっては神の前で兄弟であるということを確認しないかぎり、枕を高くして眠れないわけです。都市共同体の中において、キリスト教というのは、人間間の接着剤の役目をしていたのです。社会学的にいうと、そういうことです。キリスト教というのは、十二世紀に生まれはじめた都市共同体における人間同士の接着剤の役割を果たしました。

都市ができたからキリスト教を受け入れるのではなくて、キリスト教を受け入れていた人々が都市をつくるのが容易だったというほうが、私は正確だと思います。あの男もキリスト教徒、私もキリスト教徒、だからいっしょになんとかやっていけるのではなかろうか、という形で集まることができたと思います。社会学的にいうと、キリスト教が都市共同体を構成するにあたって、人間を結びつけるセメントの役をしてきたわけです。

都市ができると、その都市の中で人々が一同に集まるのは、日曜日の教会です。Aという都市が大きな教会堂をつくると、隣のBという町も負けずに教会堂をつくっていきます。人々の心がキリスト教を中心として形成されてくると、教会堂が都市のシンボルとされるようになってきたのです。現在残っているロマネスク教会やゴシック教会を見ると、十二、十三世紀に建立されたものが多いのです。各都市で競っていきました。ここに都市共同体と信仰者共同体が同心円的な結合関係になってくるわけです。都市共同体という法的共同体が強くなればなるほど、同じ構成メンバーである信仰者共同体も強まっていくのです。

都市共同体の共同体的性格を強めるために、キリスト教の側はお祭りをしたり、共同で食事をしたり、いろいろセレモニーをするのです。人々の人格的まじわりを強めるいろいろな儀式をするわけです。お祭りというのは、そもそもそういうためのものです。神とかかわる形で人間を集め、そして人間間の紐帯《ちゅうたい》を強化するわけです。そういう形で十二世紀にキリスト教が西ヨーロッパの人々の間に定着してきました。

なお、アルプス以北の都市共同体は徐々に成長して実力を持つようになると、都市君主（司教、修道院、封建諸侯）を都市城壁の外に追い出し、王や皇帝と直接結びついて、ある程度の独立と自由を獲得するにいたりました。つまり中世都市は封建制の海の中にある、小さな自由の小島といったところでしょう。

じつは断絶されていたはずの神的秩序と自然的秩序の間で、人々がキリスト教化されてくると、当然のことながら支配者もキリスト教化されてくるわけです。支配者、社会の指導者も大部分はキリスト教徒になった結果、どういうことが時代の要請として出てきたのでしょうか。いままでは支配者も社会的指導者も、中世的に解釈されたアウグスティヌス的政治思想でいうと、罪の結果として出てきたものであるので、キリスト教的にはマイナスの存在であったわけです。人々は自分がこの世の中で活動するにあたって、この活動がキリスト教的観点から意味あるものとされることを渇望しはじめたのです。いままではマイナスの存在であったのをプラスの存在にされたいと願うわけです。時代の要請とはこういうことなのです。信仰熱心であればあるほど、支配者でも自分の行動がキリスト教的に是認されたものでありたいわけです。自分のこの世での活動を否定するような信仰だったら、人々は受け入れたりしません。

ですから支配者を含めた人々が、この世というものを、いままでは否定的に考えていたキリスト教教義を肯定的に考えるような教義に変えてほしいと願うようになりました。これはキリスト教的社会観、キリスト教的政治観の転換を人々が要求するということでもあったのです。いままで神的秩序と自然的秩序が断絶していたものを連続する、ここに深い溝があったのが埋められるということを人々は要求したということなのです。神的秩序と自然的秩序は上下の差はありますが、連続的に一体化する、これが時代的要請として叫ばれたのです。それをなしたのが、十三世紀のトマス・アクィナスなのです。

断絶から連続へ　問題は、時代状況としては、キリスト教的社会観、国家観というものを転換させる必要が生じた、ということです。言葉をかえていえば、神的秩序と自然的秩序の関係を、キリスト教において意味のある、価値のあるものとされること、とくに自然的秩序そのものが意味があるものとされることが必要だ、ということです。自然的秩序というものが、キリスト教的価値観から見て、プラスの存在に転換されるということは、いままで断絶していた神的秩序と自然的秩序が連続してきたということです。断絶から連続へ、ということです。

断絶から連続ということで、連続性が強調されるようになるとどうなるかというと、自然的秩序というものが神的秩序と連続しているがゆえに、たんなる自然ではなくなったわけです。あるいはまた自然的秩序の中の一構成部分である人間社会というものも、たんなる世俗領域として存在するのではなくなりました。神的秩序と連続しているがゆえに、人間社会も永遠性を有すると考えられるようになりました。あるいは固有の霊的価値を持つものとされるようになりました。

政治学的にいうと、この人間社会を統治する権力があるわけですが、まさに古代末期のアウグスティヌスの影響を受けた中世の初期・中期の、キリスト教的・アウグスティヌス的政治権力観によると、政治権力というのは人間が他の人間を支配したいという欲望から発生したものです。つまり人間の原罪の結果として生じたものと考えられていました。この権力観は当然のことながら、キリスト教的価値から見るとマイナスの存在です。

それが社会観が変わってくると、権力はそれそのものとして固有の価値を神から支配者に託されているというふうに変わってきます。そういう意味で権力は、神から固有の価値を与えられて、神から託されたものとするならば、どういう目的を持っているのかといえば、支配権力は人々が現世で生きていくとき、永遠の命を得るにふさわしいような生き方をするように、人々を教導することです。

正義が何であるかを人々に教えて実行させること、支配者自身が社会全体に正義を執行すること、それが権力の目的なのです。まさにこの目的というものが権力に与えられるという意味において、固有の価値を神から託されていると考えられるようになりました。

ところで、何が正義で何が善であるかということは、権力者自身が発明することではなく、聖職者・サケルドティウムの側から、世俗権力者・イムペリウムの側に教えることなのです。世俗権力（イムペリウム）の側から正義とは何かということをみずから展開するということはないのです。

ここで注意しなければならないことは、人間社会というものは、中世では自然的秩序の一部と考えられていたことです。人間社会を含む自然的秩序は、人間がつくったものではありません。神が創造したものです。人間社会がまさに人間のつくったものとして考えられるようになったのが、近代の近代たるゆえんなのです。近代以前の中世というのは、神を頂点とする神的秩序と連続した自然的秩序というのがあって、その自然的秩序の一つの部分として人間社会が存在すると見られていました。トマス・アクィナスが人間社会を説明するさいに、ハチの共同体をアナロジーとして使います。そのアナロジーは荒唐無稽なことではありません。人間社会と動物社会とが質的連続性があると思われたがゆえに、そのアナロジーを使って人間社会を説明したのです。トマスは、ハチの世界にも一人の女王がいる、ゆえに人間社会にも一人の支配者がいるべきだ、というような証明の仕方をしています。

人間社会というものも自然秩序の中の一部であるということ、しかもその自然秩序は、神的秩序との連続性においてとらえられていたのです。自然的秩序が下にあって、その上に神的秩序があって、その最高峰にただ一人神が存在する、という下から上にという階層的なものの考え方が中世にあったということを、われわれは知らなくてはなりません。つまり存在している事物すべてに、下から上に積み上がっていく上下関係があるのだということです。

(2) 目的論的存在論——存在と価値の階層的秩序

目的論的存在論とは、一つの事物が存在している意義と目的は、自分よりも上位の事物の目的に奉仕するために存在しているという考え方です。事物に内在している存在の意義と目的は、固有の価値といいかえてもよいでしょう。そしてある事物に内在する価値は、より上位の事物の価値のために存在している、と考えられます。つまり自然的秩序は、より上位の神的秩序のために存在しているということです。あるいは自然的秩序の中にも、鉱物的存在、植物的存在、動物的存在、人間的存在というふうに、下から上へ上昇関係があるのです。下の存在は、より上の存在のために存在する。そのより上の存在は、さらにより上の存在のために存在する形で、最終的には神という唯一の存在のために全宇宙の事物が存在する、というふうに宇宙論（コスモロジー）がつくられてきました。これを目的論的存在論といいますが、また階層的秩序観ともいうことができます。そしてこのような考え方は、中世社会の身分制的な階層秩序体制を正当化するイデオロギーともなったのです。

アリストテレス哲学の受容　トマス・アクィナスは、それ以前から十三世紀の初期までは危険思想家という烙印を押されていたアリストテレスの形而上学を、キリスト教的に受け入れて、換骨奪胎して、目的論的存在論の形をとったキリスト教的宇宙論を形成したのです。トマス・アクィナスは、アリストテレスの自然学・形而上学を受け入れるといっても（私は換骨奪胎という言葉を使いましたが）、アリストテレスがいうような目的論的な存在論における「目的」というものを、アリストテレスとはまったく違う、キリスト教の「神」という存在に置き換えたわけです。

トマスはキリスト教徒として、神という存在をどのようにしてきちんと哲学的に体系づけるかということが、彼の自覚した使命だったのです。時代から要請された使命でもありました。アリストテレスはじつは彼の形而上学において、哲学的一神論を展開していました。存在というものは動いている、動いているものには必ず原因があって動いている。動いているものすべての原因をたどっていくと、原因というものは終局的には初発においては一つである、というように考えています。アリストテレスは、もろもろの現象の究極の原因は一つであり、それを神とする哲学的一神論を唱えました。トマスは、この哲学的一神論を、キリスト教の神という人格的唯一神に置き換えたわけです。そうすることによってトマスは、神的秩序と自然的秩序を、神を頂点とする宇宙万物の存在の構成秩序を、哲学的に体系づけました。

「すべての存在は唯一者に向けて秩序づけられている」（ordinatio ad unum）というのが、トマスの思想の主要命題の一つといっていいと思います。唯一者というのが神であるというと、神とは絶対的にして普遍的な存在とされていたわけですから、すべての存在は間接的にではあれ、とにかく絶対的にして普遍的な存在につながっているということになるわけです。

前述したように、十三世紀以前のキリスト教的社会観、キリスト教的・アウグスティヌス的社会観では、神の存在を強く打ち出せば打ち出すほど、人間社会をも含めた自然的秩序のすべての存在が、マイナスの存在に押しやられていたわけです。しかしトマスがアリストテレス哲学を受け入れて、キリスト教的な目的論的存在論を哲学的・神学的に展開するとどういうことになるかというと、いまいったテーゼは転換されるわけです。つまり神の存在を強く打ち出せば打ち出すほど、自然的秩序の存在は脚光を浴びなくなるのではなくて、つまりマイナスの存在に押しやられるのではなくて、逆に自然的秩序の中に存在している事物すべても神の恩恵に浴することになり、そしてそれらの固有の価値が明らかにされるようになるわけです。

トマスの思想を表わす言葉で、いくつか典型的な言葉があります。「恩寵は自然を破壊せず、むしろ完成する」という有名な言葉があります。恩寵（グラティア gratia 神の恩恵）、神が人間を、あるいは宇宙万物をつくり、かつ救済するという恩恵です。

それを恩寵といいますが、十二世紀以前では、恩寵は自然を破壊してしまうと考えられていたわけです。それがトマス以降になると、「恩寵は自然を破壊せず、むしろ完成する」という表現ができるようになりました。この「自然」という言葉の中に盛られている人間存在は、不完全ではあるが自己に内在する理性をいっそう伸ばし、徳性を磨いて可能なかぎり永遠の生命をいただけるような人生を送り、よりいっそう神的秩序に近づこうと努力しますが、他方では、神の恩寵はその不完全な人間の上昇運動を上から完成するのであります。

人間の中にある合理的思考、合理的行動をとらしめる理性――これはギリシア哲学以来西ヨーロッパの世界にある人間の精神行動の原理の一つです。この理性（ラティオ ratio）は、十二世紀以前は、人間の能力としても、あるいは神の側から見ても、ひじょうに能力の劣った人間の働きであって、これに人間が頼るのは危険である、あるいは理性には自立性はないのだといわれていたのです。しかしトマスのアリストテレス受容後は、理性というものは、いくつかの欠陥はあるけれども、理性自身が百パーセント能力を発揮することによって、きわめて高い位置にまで神に近づくことができる、下から上にという方向性を知ることが理性には能力としてある、ということになりました。

しかし理性の不十分なところを、神が上から下に恩寵で、理性の能力を百パーセント完成させるという考え方になってきました。人間の中にある、理性の能力を百パーセント働かせない、情欲や食欲といったさまざまな欲望のような夾雑物《きょうざつぶつ》を切り捨てて、人間精神を純化することによって、人間はより神に近づいていくことができる、という思想になったわけです。アウグスティヌス以降トマス以前だと、神と人間との間が断絶していたものが、トマスになると連続してきたわけです。

もちろんその連続性も、上からすなわち神から人間に下ってくる恩寵によって連続性が回復されるのであって、人間が徹底的に自分の能力で下から上に、そして神に到達する、というのでは決してありません。人間が何かの能力を展開することによって神に到達するということは、自分自身が神になるということです。そのようなことは、キリスト教徒はどのように愚かな理論を展開するとしても、いいません。神の救済に値する存在になれるかどうか、ということが彼らの重要な関心事だったわけです。

この唯一者としての神の問題ですが、これはいままでにもしばしばいってきたように、キリスト教の教義においては、神は全宇宙の創造者、無から有をつくる創造者であります。それは旧約聖書の創世記第一章に記述されています。全宇宙の創造者であるならば、全宇宙の存在の支配者でもあるわけです。本書のはじめのほうで、キリスト教というのは政治に対して親和性のある宗教だ、ということをいいました。じつをいうと、全宇宙の創造者にして全宇宙の存在の支配者だという、この「支配者」という言葉に、キリスト教が政治というものに対して親和性がある、ということが象徴されています。

このさいの、政治に対して親和性があるという意味は、別に支配者側の宗教になる傾向が強いということではなくて、政治という問題そのものに対して、積極的な関心を持つ宗教であるということです。被支配者の側から政治を見ることも可能ですし、歴史的にヨーロッパでは、中世から近代にかけて、被支配者側に立ったキリスト教的政治理論あるいは抵抗理論が出てきたこともしばしばあります。この逆に、支配者側の論理に立った、支配者の行為を正当化するようなキリスト教的支配者観もたくさん出てきています。

一方だけを強調するのではなくトータルに、政治という問題に関して、積極的な意識の働く宗教だということです。距離を置きつつも、この世という問題に真っ正面から取り組む宗教です。キリスト教の歴史のネガティヴな側面から見ると、キリスト教の手というのは血で汚れているわけです。と同時に、血で汚れた汚れというものを拭い去ろうとする努力も一所懸命にする宗教なのです。

前にキリスト教が歴史を重視する宗教だということを話しました。キリスト教は、旧約聖書・新約聖書にも書かれているとおり、歴史をとおして神の意志が働くのだということを教義（ドグマ）としている宗教です。ですから彼らキリスト教徒は、自分にどういう神の意志が働いているのかということを知りたい人間は、人間の過去の歴史において、神がどういうふうに人間の歴史を導いたか、ということを学習するのです。

ところがそれは、過去の歴史が現在の自分たちとどういうかかわりがあるかということを問題とする歴史観の問題なのです。現在このように自分たちが存在しているのは、あのような過去の歴史が現在に連なっているから現在の自分たちがこのように存在していると見るのです。そのようなものの考え方だと、過去から現在、将来にわたっての文化の伝統というものが育っていきます。そこに、伝統の中に育まれた、確立された文化、あるいはそれを担う人々、階級、そういうものが成立してきます。歴史というものをどういうふうにとらえるのかということは、その民族、その文化が持っていた宗教に大きく影響されると思います。キリスト教というのは、そういう意味では、過去の歴史というものを重視する宗教なのです。歴史を重視するのと同時に、政治に対してひじょうに親和性のある宗教だといえます。

神が、全宇宙の創造者、あるいは支配者であるということ、こういうふうな定義をされた神に対する信仰を抱いていると、人々は、全宇宙すなわち普遍性との強いかかわりを持っているのだという実感を持っていました。中世の人々は、自分が生きている社会のメンバーであると同時に、こういう神に対する信仰・帰依が強くなればなるほど、自分はあの全宇宙の創造者にして支配者である神と連続しているがゆえに、自分は普遍的な秩序の中に身をゆだねているという実感がありました。こういう、普遍性というものが重要だという文化体系が、中世の中世たるゆえんなのです。

いまいっている宇宙秩序としての普遍性というものを、この現実の地上の世界に担保するものとしての制度が、教会（エクレシア）なのです。よくわれわれは中世の教会のことをローマ・カトリック教会――Roman Catholic Church と英語でいいます。これは英語の辞書をひくとわかるとおり、カトリックというのは、キャピタル・レターのCatholicと、スモール・レターのcatholicがあります。小文字のcatholicは、前にも述べましたように、普遍的という意味です。宇宙にあまねく、という普遍的という意味です。「ローマの普遍的教会」というわけです。

宇宙の中の自然的秩序、神的秩序がとにかく連続しているということにおいて、存在に上下関係があるということ、これが重要です。存在が横に、水平に、ばらばらに存在しているのではなくて、上下に垂直に存在している。存在の体系が上下にあるということです。そして、存在そのものには価値が内在しています。そうすると、存在の上下関係はすなわち価値の上下関係ということになります。

価値と身分の階層制　さて、存在の上下関係と価値の上下関係の原理を人間社会にあてはめてみるとどういうことになるのでしょうか。人間社会も当然のことながら、人間身分の上下関係と、その身分の価値の上下関係があるのだということになります。このトマスが考えた宇宙論、キリスト教的存在論は、われわれが封建制という言葉で知っているような社会構造にいちばん適合的な考え方なのです。つまりそこでは、人間の身分が固定しているわけです。貴族身分なら貴族身分、都市民身分なら都市民身分、農民身分なら農民身分という形で、身分で人間関係が固定化されているわけです。

しかも身分で人間が固定されているということは、当然のことながら、身分に上下関係があるということで、身分の上下関係も正当化されるわけです。言葉をかえていえば、このトマスの目的論的な存在論は、封建社会にひじょうに都合のいいイデオロギーとされてしまう危険性も十分あったし、また現にそうであったわけです。

価値と存在の上下関係というのがあって、これが封建社会に都合のいいイデオロギーであるといいましたが、もう一つ、存在の上下関係を規定するものとして、キリスト教とはあまり関係のない思想原理が横から注入されました。それは新プラトン哲学の、霊肉二元論です。霊魂と肉体、精神と物質という形で存在をとらえる考え方です。この霊肉二元論あるいは精神と物質の二元論は、ギリシアそしてヨーロッパに特有の思考形式です。われわれ日本人にはありません。

キリスト教にもじつをいうと霊肉二元論はないのです。全然ないというわけではなくて、新約聖書にほんの少しパッセージがあるのですが、本質的に、肉体と霊魂が遊離した形では旧約・新約聖書は教義を説いていません。この霊肉二元論というのは新プラトン哲学からキリスト教文化に受け入れられたのですが、キリスト教教義と新プラトン哲学の二元論は親和性があるので、キリスト教の側がこの霊肉二元論を受け入れたわけです。これは不等号でいうと、霊魂は肉体よりもまさり、精神は物質よりもまさる、という不等号が書けるわけです。

そうすると、霊魂を代表する教会は、肉体を代表する帝国よりも優越している、あるいはその教会の代表者であるローマ教皇は、世俗政治権力の代表者である皇帝よりも優越している、という政治原理になります。さらに、霊魂を司る聖職者は、肉体を司る世俗支配者集団よりも価値の高い存在であるということになるわけです。この霊魂と肉体、精神と物質という不等号で関係づけられている上下関係を考えてみると、霊魂は肉体よりも、より神に近いがゆえに、より上位なわけです。

神という最終価値により近いほうが上に位置づけられ、かつ価値づけも高い貴重な存在なのです。神により近ければ近いほど、尊い存在であるということになるわけです。それは物質存在においても、神により近い存在がより尊敬される、そういう社会なのです。最終的には、皇帝よりもローマ教皇が、世俗支配者たちよりも聖職者たちが、より優越した地位にいるべきだ、という社会教説が展開されます。

霊肉二元論の形で、最終的には存在と価値の上下関係が規定されているということ。この上下関係が、究極的には至高にして普遍的な神につながっているという意味で、人々はこの秩序にいるかぎり、普遍性ということが自分たちにとって最大・最高の価値である、ということをモットーにしつつ生きていた。それが中世の人々であるというのが、私の中世理解なのです。もちろんいま私は、普遍性ばかりに人々が生きていたとか、ローマ教会そのものだけに人々の意識が集中していた、といっているわけではありません。

しかしひとりの人間が部分的に生きている面と、全体的に生きている面とがあるとするならば、多くの人々は、自分たちが日常感覚で、五感で認知できる、触知できる世界に生きていた、と同時に、信仰にかかわることとして、ローマ教会全体ということ、普遍ということを考えていたことでしょう。そして知的エリート層は、たんに五感で触知しうる人間関係・世界だけで生きているのではなくて、信仰と理性の問題を考え、聖俗の支配層は、ヨーロッパ全体を支配の次元で考え、ヨーロッパ全体というのは普遍的であるという政治神話、そういう政治神話としての普遍性ということを、政治価値として追求したのです。

ですから本来的には非キリスト教的な政治理念――ローマからもらってきたという意味においてですが――である帝国というものが、政治権力を追求する人たちから、ひじょうな価値がこめられて、語られ、求められたのです。政治権力を正当化するためにも、ローマ教会に所属するのと同時に、帝国（イムペリウム）とのかかわりにおいて権力が正当化されていく、この二つが、相矛盾する二つの基準が、ヨーロッパの中世の政治思想を特徴づけていたわけです。それらの背景にはどうしても普遍性ということを無視するわけにはいきません。この中世の宗教制度と政治制度における普遍性ということが崩れてしまって、価値としては追求するに値しないとヨーロッパ人が思いはじめたときが、じつは中世の終わりなのです。

(3)　現世における普遍

地上的な、現世における普遍という問題を話したいと思います。ローマ教会とローマ帝国ということです。ローマ教会とローマ帝国は「法的」(de jure) には普遍的で、「事実として」(de facto) は特殊的だということを第I章でいいました。「法的」には普遍的で、「事実として」は特殊的だということは矛盾しているのですが、この矛盾が決定的に現われたときが、中世の終わりだということもいいました。

問題は、「事実として」はなぜ特殊的かということです。その前に「法的」には普遍的だということを明らかにしたほうが理解が早いでしょう。教会というものはそもそもが、地上の神の家と考えられていました。コスモロジー（宇宙論）の中において、神的秩序と、地上の神の家と考えられている教会が連なっているということで、教会は普遍性を握っているということが主張できたわけです。ところが普遍性というのは、まさに地においてあまねく遍在するということです。ということは、地球全体がローマ教会でなくてはいけないわけです。ところが事実は、そうではない。つまりローマ教会の東にビザンツ・キリスト教世界があったのです。ビザンツ・キリスト教文化圏は、ローマ教会の管轄下にはなかった、あるいはローマ教会の影響力が及ばなかった。ローマ教会はまさに事実においては普遍的でありえなかったということです。

ローマ教会、それはいまいったような意味において普遍性と特殊性が混在していました。では、政治的権威の普遍性を表わすものとしての帝国というものは、どのように考えられていたのか、これは政治神話としては、ローマ帝国というのはローマ市民の歓呼賛同（アクラメイション）を受けて、一人の人間が帝位に即き、世界全体を支配する、と考えられていました。

シャルルマーニュが八〇〇年に、ローマ教皇の斡旋で、ローマ市民の歓呼賛同のもとに西ローマ帝国を復活させました。ところがシャルルマーニュが死んだあとの帝国は、イタリアの一部とドイツ人支配地域のみに権力と権威が及ぶにすぎない狭い領域になってしまいました。昔日のおもかげ、すなわちヨーロッパ全土、東はルーマニアから西はブリテン島まで、大陸全土に権威と権力が及ぶというようなことは、もはやありえないわけです。ですから政治的神話としては普遍的なのですが、事実として普遍的ではありえないということが明らかになります。しかしそれにもかかわらず、重要な問題なのは、帝国（イムペリウム）というものは、政治的神話の普遍的影響力を持って、中世政治世界に活躍したということです。これはあとに述べます。まずローマ教会という存在の普遍性の問題を詳しく話しましょう。

ローマ教会・ローマ帝国・キリスト教社会　ローマ教会（Ecclesia Romana）、これは前にもグレゴリウス改革のところでいったように、以前と以後では、教会観ががらっと変わりました。グレゴリウス改革以前では、人々はローマ教会の中のある特定のすぐれた宗教的達人の信仰の偉大さに対して、信従していました。言葉をかえていうと、ローマ教会は信仰の権威で人々を影響下においていたのです。ところがグレゴリウス改革以後はそうではなく、ローマ教会は教会制度をつくって、制度には当然運営する権力がありますから、教会制度の権力で人々を支配するようになったわけです。信仰の権威で人々を影響下においたという前の段階では、教会というものは信仰者からなる霊的共同体だと考えられていました。管理とか運営とか、そういう契機はないという意味です。後期になると変わってきて、教会制度の権力で人々を支配したということは、教会というものは正式に認可を受けた聖職者という一種の宗教官僚が管理・運営する統治体（ガヴァメント）になったわけです。

いま私がこういういい方をしているのは図式的にいっているのであって、歴史過程の中での中世何百年間の歴史の実態は、じつをいうと、以前と以後というふうに分けた、この理念型の双方が混合したものとしてあったと思います。しかしそれにもかかわらず、前期のほうではどちらかというと、聖職者の信仰の篤さで人々は信従していた。しかし後期のほうでは、何といっても教会制度という制度内の維持・管理する聖職者たちがふるう権力のもとに人々は服従させられていたということです。とにかくこういう形で十六世紀の宗教改革までやってくるのが、中世の教会です。

ローマ教会というのはいまいったことと次元を異にして、「広義の教会」と「狭義の教会」というように、私は政治学的に考えられると思います。

広義の教会は、ヨーロッパ社会全体と考えられていました。広義の教会としてのローマ教会は、キリスト教徒が住んでいる世界全体というふうに考えられていました。つまり「キリスト教社会」（レスプブリカ・クリスティアーナ）という言葉に表わされる、ビザンツよりも西側の、キリスト教徒が住んでいる全地域の社会全体をローマ教会というふうに考えていました。そしてこれはまた、ローマ帝国と同心円的に同じものと考えられていました。つまりこれは自然的秩序の中に存在しているキリスト教的世界の全体と考えられたわけです。さっきいった、コスモロジーが地上と天上の上下にわたるものとするならば、いまいったことは、自然的秩序内のキリスト教的世界の全体と考えられていました。

狭義の教会というものはどういうものか。これはさきほどいったグレゴリウス改革以前と以後でいうと、以後の問題にかかわりますが、聖職者階級（サケルドティウム）による統治体と考えられていました。聖職者によって管理・運営され、かつその教会全体を統治する人たち、そういう人たちによって運営されている統治体というふうに考えられる教会。上はローマ教皇から下は村の司祭にいたるまでのピシッとしたヒエラルヒーがあって、その下に一般信徒がいるということです。そういう形の狭義の教会です。

狭義の教会は、前に詳しく述べましたけれども、アンシュタルト（法強制団体）としての教会です。

前に、中世の文化諸施設の中でいちばん近代国家に近いものは、中世ローマ教会だと私はいいました。ドイツ皇帝や封建王制などというのは、素朴な実体でしかないわけです。それにくらべると教会は、上から下までピシッと官僚制が存在しているし、ルール（教会法）が存在しているわけです。そういう意味では近代国家にいちばん近い実体といわれています。いちばんいい例が主権（sovereignty）で、あれは中世ローマ教会でいうと、十三世紀からいわれはじめて、十四世紀に猛威をふるった至高権（plenitudo potestatis）の世俗版と考えられます。

言葉をかえていうと、十三世紀から勃興しはじめた封建王制が、自分の統治体を確実にして生き延びていくためにいちばんいい、すぐ手近にあるモデルというのは、中世ローマ教会だったのです。まさに中世ローマ教会のような組織にすれば、自分たちの国家も、封建王制も、ながく維持できると彼らは考えたのでしょう。ですからそういう形から、官僚制というのがまず最初に教会で始まって、そこから徐々に世俗王権もそれを用いるようになったのです。

ところで教会に話を移しますと、教会というのは狭義であれ、広義であれ、いずれにしても全体的で包括的で普遍的な世界だと考えられました。そういう世界であるとともに法団体であると考えられました。この問題も、あとで詳しく述べます。ローマ教会というのは、いまいった意味では、これ自体が宗教組織であるとともに、政治組織です。かつまた一つの世界＝レスプブリカ・クリスティアーナでありました。政治と宗教が、ローマ教会の中では区別はされていたとしても、未分離の状態であったというのはこのことです。

そしてまた、教会は神的秩序に関連を有しつつ自然的秩序の中に存在していました。自然というのはデカルト以降の近代の自然観とは全然違うのですが、中世においては、人間社会も自然の一つです。それをわれわれは忘れてはいけません。神的秩序と自然的秩序という場合の自然的秩序というのは、当然人間社会も入ります。近代の科学概念でいうと、自然的秩序と人間的秩序とを截然と分けるわけです。人間というものと自然というものを分けるわけです。それが中世と近代の違いです。

問題は、宇宙とか自然は神が創造したものだ、とキリスト教中世では考えていました。人間社会も自然的秩序の一つとして、神が創造したものとみなされました。その結果、政治的空間、つまり人間社会の中にある政治的空間も、神が人間のために創造し、人間のために与えられたものであると考えられました。つまりそれは、人間が人間のためにつくったものではない、ということです。神が人間のためにつくり、人間に与えたもの。そういう意味では、人間社会の枠組みというのは、神がつくって、神が与えたもの、一人の人間が生まれる以前から、それは所与のものとして存在していたということです。ですからローマ教会というものを考えるさいに、広義の教会というのは、明らかに政治社会と考えてかまいません。

つまり実体的にいうと、広義のローマ教会だと中世の人が考えたものは、領域的にはイングランド、フランス、スペイン、北ドイツ、南ドイツ、イタリアというふうにキリスト教世界全体を表わすものであり、そこで統治（ガヴァメント）が行われていた世界だというふうに当時の人は教会について考えました。ですから近代の十六世紀から十七世紀までは、政治史は教会史でもあったわけです。

言葉をかえていうと、中世政治史を正しく学ぶためには、中世教会史を学ばねばならないということです。少なくとも中世から、つまり九世紀から十七世紀まで、とくに十六世紀に宗教改革が始まって十七世紀までの二百年間の信仰告白の（confessional）時代は、ヨーロッパ人が、カトリックも、プロテスタントも、ひじょうに信仰に目覚めた時代なのです。コンフェッショナリズムの十七世紀が終わるまで、政治史と教会史は、密接不離の関係にある領域だったといえます。

さてこの広義の教会が政治社会であるとすると、人々はこの秩序内の自分にあてがわれた身分、そして自分にあてがわれた社会の職業を忠実に実行することが、神に忠実であり、かつ信仰深いことだとみずからも思い、聖職者は、日曜日に教会に来る字の全然読めない人たちにも、そういう教え方をしたのです。そういう意味では、身分は神がつくったものということで、身分を壊す、あるいは身分に対して疑いを持つというようなことは、神に対する反抗だと考えられたわけです。

いまいっていることを別の観点から見ると、社会というものは無から有として人間が形成したものではないわけです。社会は無から形成されたもの、形成された社会を人間が運営するからくりが存在するのだというような発想は、近代を近代たらしめているものです。中世にはそれはないのです。中世では社会は所与のものですから、神から人間に与えられた所与の社会秩序を運営することが重要だったわけです。

政治社会であるところの広義の教会との関連において、政治とはいったい何か、政治的なるものとは何かが問題になります。結論からいうと、近代における政治とは全然違うということです。社会の秩序とか、枠組みの安定と維持、これが中世政治だったわけです。つまり既存の世界秩序、社会体制の運営（マネージメント）が問題となるのであって、新たな再編とか再構成、組み替えを社会に対して加えるということは、許されませんでした。そんなことはあろうはずもないと思われていました。つまり社会とは、神がつくって人間に与えた秩序と考えられていたので、社会を新たに再編するとか、再構成するとか、組み替える、いわんやそれをゼロにして、また新たに人間たちの都合のいいようなものをつくるというようなことは、とんでもないことでした。革命などという発想は中世にはないわけです。

そういう意味では、現代的な意味での政治というのが、社会をゼロから考えて、人間のために、人間に都合のいいように社会をつくっていくという発想、それを政治とするならば、中世には政治というものは全然ありませんでした。現代的な意味での行政・統治（ガヴァメント）というのが、中世における政治だと見ていいと思います。統治権力の役割というのは本質的にイムペリウム（皇帝側）が持っていました。ローマ教皇側にはなかったわけです。

さて、人間の社会の枠組みが所与であるとすると、どういうことになるか。枠組みの中をいかにうまく運営していくかが、支配者の任務とされるわけです。そういう意味では、ローマ教会とかキリスト教社会を統治するための職務（オフィキウム officium）が存在するのです。このオフィキウムというのは、すべて、神からいろいろな人に与えられていると考えられました。農村共同体におけるその日ぐらしの農民でも、オフィキウムが神から課せられているわけです。農民という身分と職業という形で、オフィキウムが課せられている。封建領主は、まさにそのへん一帯を統治するオフィキウムが課せられている。王（rex）も当然、オフィキウムが課せられている。その王よりも上位の皇帝にも、ローマ教会、キリスト教世界をローマ教皇と共同で管理・運営するという最高のオフィキウムが課せられている、というふうに、人間社会に存在している人間すべてにオフィキウムがあると考えられていました。聖職者においても、しかりです。

そういう意味では、このオフィキウムには当然のことながら責任がともないます。この責任をともなっているオフィキウムを、より上位の人から責任能力なしと判断された人は、オフィキウムを剝奪される可能性があります。この問題は少し別の問題なので、議論はしません。とにかくオフィキウムが課されるということです。オフィキウムは、社会の一部が自分にゆだねられていて、その一部分をきちんと運営するという責任と表裏一体になっています。中世社会は身分社会ですから、固定された身分の中での自分のオフィキウムというのが、また固定化されているわけです。流動的ではありません。

さきほどからいっていることで、最高・最大のオフィキウムというのは、ローマ教皇とローマ皇帝（神聖ローマ皇帝）に与えられています。当然のことながら、この二者は最高・最大の責任をヨーロッパ・キリスト教社会に負っていました。この教皇と皇帝の関係ですが、よく争っていましたけれども、これはけっして一方が他方を滅ぼしてしまったほうが、より秩序が安定するというようなものではなく、相互補完の関係にありました。この二つがヨーロッパ中世世界の中心ですが、よくいわれているように、ヨーロッパ中世世界というのは、二つの中心からなる楕円といわれているゆえんは、ここにあります。

ただ時代によってはいろいろと見方が違い、十三世紀以降になると、ローマ教皇のほうが権威・影響力が強くなるので、皇帝のほうがローマ教皇よりも価値のヒエラルヒーで下になってしまいます。そのような状況もありました。しかし最終的には、法的にはこの二つが中心となって、中世ヨーロッパ・キリスト教世界が成立しているのです。ですからどちらか一方が崩落すると、この世界は成立しなくなってしまいます。キリスト教社会（レスプブリカ・クリスティアーナ）といわれているこの世界は、皇帝が消失しても成立しえない、いわんやローマ教皇が消失しても成立しえない、そういう世界です。

ローマ教会というのは、さきほどからいっていることに関連していうと、前に述べたとおり一つの組織、法的強制団体（アンシュタルト）と考えられます。それは狭義の教会であれ、広義の教会であれ、そう考えられます。ローマ教会というのは、以下の三つの点をひじょうに重視しました。「一つの信仰、一つの教会、一つの頭《かしら》」。「一つの信仰」、これはローマ・カトリック主義という信仰です。「一つの教会」、これは、地上における神の家は、ローマ教会以外にはないという意味です。「一つの頭」、これはローマ教皇なのです。組織を運営するにあたって、ただ一人の最高責任者が必要である、という意味です。

この「一つの信仰、一つの教会、一つの頭」という三点を主張してローマ教会が維持されているとするならば、どういう結果になるかというと、教会が統治体になるということに加えて、信仰理解とか聖書解釈が教会によって独占されているということです。そうすると、ある人たちが、教会が正しいと判断した信仰とか聖書解釈とは違う発想をしたとするならば、当然のことながらそこに正統と異端という問題が発生するということがわかります。

正統と異端が発生するということは、考えてみれば、信仰の問題は各人一人ひとりの内面の問題だから自由に考えて良いというような近代的な発想では、成立しえません。正統と異端が発生するということは、ある地域のすべての人間を、一つの組織が一つの権威のもとに囲い込んでしまうということから生じるわけです。その囲い込みに、自分はいやだ、囲い込まれたくない、という人間がいたとしたら、それを異端として排除するわけです。

さて、ローマ教会は、信仰の普遍性をこの世で担保する宗教組織として存在するゆえに、教義の中核において客観主義を標榜します。つまり教会という客観的制度の中に人々がいることで、救済における安全性、ラテン語でいうセクリタス（securitas）

が確保されるわけです。人々が客観的に教会の中にいれば救われ、教会の外にはみだしてしまうと救われないということです。「ゆりかごから墓場まで」、人間の人生のはじめから終わりまでのすべてを教会が管理する。それによって天国の門が開けて天国に入ることが可能となる、という形です。客観主義的なものの考え方をするわけです。客観的に教会が存在する、客観的に聖職者が存在する、客観的にその聖職者は聖職者としての正規のライセンスを受けていて、祭儀・典礼を取り仕切る資格があると考えられていたのです。客観主義では聖書と伝統、この二つがローマ教会の信仰の基準だったのです。

ところが中世から離れて近代にいくと、プロテスタンティズムは主観主義なのです。プロテスタンティズムでは、聖書のみが信仰の基本、判断基準なのです。しかも聖書のみといっても、聖書の解釈はさまざまですから、人によって違うし、考え方によって違うし、信仰の熱心さ・冷淡さによっても聖書の解釈は違ってきます。ほぼ一人ひとりの主観にまかされているわけです。主観主義というのは、個人の主体的決断で神への信仰が成立します。信仰は安全さではなくて、確かさ（ケルティトゥード certitudo）が問題になるわけです。

プロテスタンティズム、主観主義が個人の主体的な決断で神への信仰が成立するならば、他方、客観主義のローマ・カトリシズムでは、人間が生まれて幼児洗礼を受けて、キリスト教社会のメンバーだということで、制度として教会の中にいることで救われる保障が与えられたわけです。救われるという安全性が強調されたのです。とはいうものの、中世においても近代においてもローマ・カトリシズムは、極端な客観主義も主観主義も異端とみなし、客観主義と主観主義が正しくバランスのとれた信仰を正統とみなしております。

ローマ教会がこういう客観主義をとるということは、教会という宗教制度、客観的制度の中に人々を居住させるということが重要なわけです。教会の枠の外にはみ出ることは許されないし、人間としてありうるはずがない、と思うわけです。そういう意味でローマ教会というのは、信仰の客観的組織体なのです。ローマ教会がアンシュタルトであるというのはそういう意味です。

これはさきほどの話といささか重複しますが、もう一度観点と形を変えて説明します。近代国家はアンシュタルトだといいました。法的強制団体としての近代国家は客観的です。日本国という近代国家を見てみると、客観的な基本法としての憲法がある、内閣総理大臣という客観的な存在が統治・運営している、選挙という形で代議士を選び、代議士の中から総理大臣を選ぶというふうに客観的に明確です。そして国家の命令に違反する者には刑罰を科する刑法が客観的に存在している。この客観的な組織体、つまり認識しようと意識したならばかならずその対象が理解できる。客観性というのはそういうことです。アンシュタルトとしての組織というのはまさにそういうことです。

そこで、アンシュタルトとしての教会という組織体（中世ローマ教会のことですが）はどういうものかというと、聖職者という一種の官僚組織がまず存在する。上はローマ教皇から、下は村の司祭まで、聖職者の組織がピシッと上下関係のヒエラルヒーのもとに存在しているということ、これが一つ。それから、教会を運営するさいのルールとそれを実行する人々の行動基準を定めた、教会法という一種の行政法が存在している。このアンシュタルトを運営するにあたって、「官僚組織」と「行政法」が必要なのです。前に、グレゴリウス改革を境に、ローマ教会が信仰者の霊的共同体から、権力で教会を運営する統治体に変質したと述べましたが、アンシュタルトとはこの統治体のことなのです。

そしてアンシュタルトとしての国家、ローマ教会は客観的に存在している種々のルールに基づいてその意志を表明し、行動に移るので予測可能なのです。合理的なのです。まさにこういうところに、ヨーロッパ人の合理的な行動、合理的な思考の芽生えを見ることができると、私は考えます。同じキリスト教でもいろいろなキリスト教がありますす。しかしこういう合理的な組織運営は、ラテン・キリスト教いわゆるヨーロッパのキリスト教が成就したところのものであります。

西ヨーロッパで独自にこういうキリスト教が教会を合理的に運営しようとする制度原理、かつ信仰と理性の関係、信仰の問題（非理性的な問題）を、理性的にぎりぎりのところまで突き詰めていくことで神学が成立するのですが、信仰と理性を調和させようと苦闘する合理的思考、こういう文化の中に合理性への芽生えがあるのだと思います。これはウェーバーの『プロテスタンティズムの倫理と資本主義の精神』を読んだ人はおわかりのように、ウェーバーはプロテスタンティズムが近代のヨーロッパ人の合理的生活態度をつくってきたんだというわけですが、それの基本的な芽生えをプロテスタンティズムの世俗内的禁欲に見るのです。

この禁欲という言葉の意味は、人が生活において特定の価値・目的に向かって他のいっさいを顧みずにつきすすむことをいいます。プロテスタントの場合、その価値・目的とは、神への信仰、そして救済であることはいうまでもありません。そしてウェーバーは、中世における禁欲を修道院の内に見ます。修道院内的禁欲という言葉を使います。このウェーバーのいうテーゼを逆にすると、ヨーロッパの合理化過程は修道院内的禁欲から世俗内的禁欲へと発展することによって達成されるのです。

私はウェーバーの歴史観に詳しくはないのですが、日本におけるウェーバー研究者・ウェーバー理解者たちは、これまで中世と近代の不連続性・断絶性を強調してきたと思います。しかし私は中世研究者のはしくれとして、中世から近代を見ると、どうもヨーロッパでは連続性を強調したほうが歴史の実態により近いのではないか、というのが私の見解です。合理性の問題、たしかにそれはヨーロッパでは近代で圧倒的に展開し、二十世紀このかた、怒濤のごとく人間の精神活動の流れとして進んできたと思いますけれども、しかしそれは近代に突然生まれたのではなくて、中世から芽生えてきたと考えるのが、私の歴史の考え方です。

教会法は、宗教にいつもへばりついている魔術を駆除する役割を果たしています。ウェーバーの歴史観でいうと、魔術からの解放をヨーロッパ人に徹底的に、根源的に行わせたのは、プロテスタンティズムだといいます。つまり神一人に信仰を集中するということで、人間以上の力をふるうものは神一人であって、その他の魔術・神々を否定していくわけです。神に対する信仰的忠実さを増せば増すほど、人間は魔術から解放されます。魔術から解放されなければ人間は合理的になれないのです。ですからヨーロッパ近代というのは、プロテスタンティズムによって、信仰熱心であればあるほど、結果として合理的になるという、このパラドクスが歴史の根底にあるのだ、というのがウェーバーの近代歴史観だと思います。

私がそういうふうにウェーバーを理解するということは、逆にいえば、私自身がヨーロッパの近代をそう見ているということです。しかしそれにもかかわらず、それは近代に突然出てきたのではなく、まず中世で修道院内的禁欲という形で、神に対する集中として出てきており、そしてそれは魔術の駆除・駆逐になったと思います。

魔術の駆逐ということは、合理化ということのさきがけです。これが重要なのです。ところが中世では深刻な問題が起こります。中世ローマ教会内で信仰をも合理的に解釈するということは、信仰をじつは法的に解釈するということになっていきます。つまり神から人間に与えられた命令・戒めを、人間が実行する。実行したらその反対給付として、神から人間に救いが与えられる、極端に考えれば、人間に救済に値する資格が生じる、という形の法律的な解釈を信仰に付与するわけです。その限界に気づき、その限界を克服したのが宗教改革者ルター、そしてカルヴァンです。しかしこれはいまは言及しません。とにかく中世ローマ・カトリック主義において、信仰が法律的に解釈されたということは、いえることとです。それは、アンシュタルトとしてのローマ教会の中で、信者が抱く信仰の客観的解釈ということの背中合わせの問題になるのです。

(4) 皇帝権と教皇権

皇帝権と教皇権は、ヨーロッパ中世においては不可分の関係にあったので、別々に論ずるのは無意味でしょう。基本的には、世俗権力は宗教的権力の権威と勢力を維持するために、外的な強制手段を提供しました。たとえば、教会税の徴収とか、教会の維持と聖職者の生活に必要な多種多様な財物の収集を、世俗権力は行いました。他方でそのお返しに宗教的権力は、世俗権力の側に対して宗教的手段を用いて、支配者の正当性を保証したり、支配者の家臣たちに服従するように信仰の論理を用いて説得しました。世俗権力と宗教権力は相互補完の関係にあったのです。皇帝権と教皇権の関係もこれと基本的に同じです。

ところで「帝国」とはいったいどんな性質の政治制度だったのでしょうか。

（1）それは、洋の東西を問わず、広大な支配領域の中に多種多様な民族と文化が自立しつつ栄えていました。次に、（2）その領域内の人々は、自分たちが政治的、経済的、文化的そのほか人間が生きるうえで必要なすべてのものに関して、自己完結的で自律的な一つの世界の中に住んでいると自覚していました。換言すれば、人々は自分たちが生きるうえで他の世界を必要とせず、さらに極論すれば、自分たち以外に自分たちと同水準の文化的生活を享受している人々がほかの世界に存在するとは思っていませんでした。（3）帝国は自己完結的な世界であるがゆえに、時間と空間を内側に含みつつも、それを超越した、永遠を志向する宇宙論的秩序体系と考えられました。帝国とその最高支配者である皇帝の存在が特定のコスモロジー（宇宙論）で支えられているということであります。それゆえ皇帝はそのコスモロジーの中で、人間を超越した神あるいは神々となったり、その神（天）の命によって選ばれた特別のカリスマ保有者だったのです。換言すれば、帝国理念と皇帝位は普遍的権威を保有していたのです。三世紀末のディオクレティアヌス帝にいたって、ローマ皇帝は万物の主であり神であると信じられるようになりました。そして、地上の全世界におよぶ支配権を所有すると考えられたのは、いうまでもありません。

ところでシャルルマーニュによって再興された西ローマ帝国において、それを支えるコスモロジーとはキリスト教的宇宙観であり、皇帝を選出する超越神とはキリスト教の神でした。そしてこのキリスト教的宇宙観と神をこの地上において体現し、担保するのはローマ教会なのであり、このローマ教会を代表するのがローマ教皇です。皇帝は、普遍的権威を標榜するローマ教会の中に存在し、そして教皇との関係を有していたからこそ、神との関係を保有することができ、その結果としてみずからも普遍的権威を主張することができたのです。というのは、再興されたローマ帝国はそれ自身としては地上の全世界などということはできず、その権威の及ぶ範囲は、かつてのローマ帝国のほんの一部分でしかありませんでした。つまり再興されたローマ帝国は、「事実として」は普遍的政治権威ではありませんでした。「法的に」のみ普遍性を主張できたのです。

しかしこの「法的な」普遍的権威としての皇帝権は、「伝統」が高い価値を与えられていた中世において、はかり知れない影響力を発揮し、重い意義を持ち続けました。皇帝位は代々ドイツ王が継承しましたが、勃興しつつあったフランス王、イングランド王は、どのような手段を用いても垂涎の的である皇帝位を手中に収めることはできませんでした。なぜなら彼らにはシャルルマーニュに由来する血のカリスマに基づく正当性を主張する権利がなかったからです。

皇帝権　古代ローマ帝国では、ローマ市民の歓呼賛同（アクラメイション）によって正式の皇帝が生まれます。ところが前に述べたごとく、シャルルマーニュが皇帝になったときは、ローマ教皇レオ三世が帝冠を授けました。このカロリンガ帝国の皇帝権は九二四年に廃されていましたが、九六二年にドイツ王オットー一世がローマで帝冠を受けたときは、ローマ教皇ヨハネス十二世がそれを授けました。これがのちにいわれる「神聖ローマ帝国」です。ここでわれわれは、政治的最高権威者の皇帝を擁立したのはキリスト教最高権威者の教皇であることを銘記しなければなりません。ドイツ皇帝の政治権威の正当性をつくり出したのは、ローマ教皇だったのです。換言すれば、神聖ローマ皇帝の政治における普遍的権威を中世において背後で支えていたのは、ローマ教皇とローマ教会だったのです。

これと同時に、オットー一世は、教会を保護し、かつ政治的に利用しました。ローマ教会が部族の範囲を超越した普遍的・統一的な勢力であること、および聖職者が独身制のゆえに財産・所領が世襲的継承の恐れがないことに着目して、高位聖職者（司教、大修道院長など）の叙任権と、教会財産の管理権をオットーは手中に収め、帝国統治の観点から教会の人と財産を操作しました。これを「帝国教会政策」といいます。これにより、皇帝の権威と権力は各地の部族勢力を抑え、ドイツとイタリア半島に伸びていきました。

このようにして、ドイツ王にして神聖ローマ皇帝はたんなる一地方の政治権威であることを越えて、「法的に」ローマ教会全体すなわちヨーロッパ・キリスト教世界の保護者にして支配者となりました。そしてコスモロジーの内側において、その責任と使命が神から与えられていることはいうまでもありません。そして、皇帝権力の及ぶ範囲が、時代を経るにつれて縮小されていったとはいえ、前述の事柄は十六世紀初頭の宗教改革によって、ヨーロッパ・キリスト教世界が二分されるまで妥当し、生き続けていました。同じコスモロジーの内側で宗教的な最高責任と使命を与えられていたのがローマ教皇であることは、これまでの叙述で明らかです。

教皇権　ローマ・カトリック教会の成立は、一つの思想史としても、政治史としてもじつに興味のあるものです。ここで簡単に本質のみをおさえておきましょう。古代ローマ帝国の教会制度においてとくに権威があると認められた司教は、ローマ、コンスタンティノポリス、アンティオキア、アレクサンドリア、エルサレムの五司教でした。これを「総大司教」といいました。そしてローマ司教は、五世紀後半から教皇(pontifex maximus)と呼ばれるようになりました。この名称は、非キリスト教時代のローマ帝政期に皇帝が兼ねていた異教の最高神官の名称だったのです。

ところで、たんなるローマの司教にすぎなかった教皇が、なぜにキリスト教の全教会の長であると主張しうるほどになったのでしょうか。歴史の流れの中での諸条件も原因となったでしょう。たとえば、ローマが帝国の首都であったために、その司教座が必然的にキリスト教世界の情報センターになって栄えたこと、西ローマ帝国滅亡後にローマ教皇が指導力を発揮して、元の帝国内の秩序をまがりなりにも維持しようとし、そして蛮族の教導と馴化に努めたことです。

しかしローマ教皇の権威を至高のものにしたのは、一世紀末から伝えられてきた、「ローマ司教はキリストの一番弟子ペテロの後継者である」という伝承です。これは間断なく後代に伝えられ、「伝統」となりました。「伝統」は聖書とともに、現代にいたるまでカトリック主義の信仰の二大基準の一つであります。

この伝統を発展させて、五世紀中頃の教皇レオ一世ははじめて「ペテロの鍵」の教説を主張しました。彼は聖書の個所から、主として『マタイによる福音書』一六章一八―一九節を引用して、ペテロがキリストの命令により地上に教会を建立したこと、キリストから「つなぎ解く権」を委託されたことを述べたのです。そして他の使徒たちはペテロを通じてこの権利と能力を授けられたとするのです。さらに、ペテロの後継者であるローマ教皇のみが人間を救済する権威と能力をキリストから直接授与されたのであり、ほかのすべての司教たちは教皇を通じて間接的にその権能を授与されると、レオは宣言したのです。

このレオの教説は、中世の全期を通じて、ローマ教皇の至高の権威と権力の理論の根本的基礎になったのです。これをもとに、十三世紀にはインノケンティウス三世によって、ローマ教皇はキリスト教世界の信仰と道徳の最高指導者であるゆえに、世俗統治者に指示を与える権威と能力があると説かれることになったのです。そして十四世紀になって、テオクラシー理論が極点に達すると、ローマ教皇は地上における「神の代理人」であるゆえに全世界の支配者であると説かれるまでになったのです。

皇帝権と教皇権の関係の理論　両者の関係を規定する思想的原理が二つあります。一つは、新約聖書『マタイによる福音書』二二章二一節にある、「カエサルのものはカエサルに、神のものは神にかえせ」という文言です。この理論的発展として第二に、五世紀末のゲラシウス理論があります。

「カエサルのものはカエサルに……」の文言は、解釈者の信仰的立場によって解釈が異なりますし、かつまた観る次元によっても解釈が異なります。しかし基本的にいえることは、カエサル（皇帝）のものと神のものは互いに本質的に異なるものであること、政治的事柄と宗教的事柄は区別すべきものであること、これでありましょう。近代哲学の用語を用いるとすれば、次元の異なる二つの事柄を同一の思考枠組みの中で論ずるのは誤りである、ということでしょう。事実、キリスト教文化圏では、大なり小なりこのことが歴史の中で具体的に定着しています。ヨーロッパ中世でもこれまでの叙述で明らかなように、妥当しています。つまり、現世における世俗的事柄に関しては、皇帝に代表される世俗統治権力（帝権・イムペリウム）が扱い、永遠の生命、魂の救済に関しては、ローマ教皇に代表される聖職者階級（教権・サケルドティウム）

が扱うということでした。

第二番目に、ゲラシウス理論は別名を両剣論といいます。五世紀末のローマ教皇ゲラシウス一世が時のビザンツ皇帝アナスタシウス一世に送った書簡の中には、以下のごとき内容が記されていました。(1)この世は、教皇の聖なる権威(auctoritas)と世俗の権力(potestas)の二つによって支配されている。(2)キリスト教徒の皇帝は永遠の生命に関しては聖職者に従うべきであり、教皇は世俗的事項に関して皇帝の保護を求める。(3)それぞれは自己の領域を守り、自己の責務・役割を実行しなければならない。(4)それぞれは、自己の領域において最高の存在である。

ゲラシウス理論においては、両権は対等の関係にあると考えられていました。中世キリスト教社会はローマ教皇とローマ皇帝の二つの中心からなる楕円的統一体であるといわれているのは、この意味です。ですからゲラシウス理論は、中世的支配構造における正統理論だったのです。

ところで、楕円とはいえ統一体である中世キリスト教社会に二つの中心、二つの権威・権力が正当性(legitimacy)を持ちつつ存在していたということは、両者の間に境界線が引かれていたということを意味しています。しかしこの境界線は、双方の人々の解釈によって変動しました。争いが生じました。叙任権闘争・グレゴリウス改革はその典型でしょう。換言すれば、一つの教会（中世キリスト教社会）の中における、二つの最高権威者同士の首位争い、指導者争いであります。

この争いが理論的に展開されて、中世政治思想が豊かに伸展したのです。両権は、理論においても事実においても、相手を完全に制圧することはできませんでした。両権の間に理論と実際において緊張関係が生起し続けたというべきでしょう。そしてさらに、これはたんに中世にのみ限定されるものではなく、現代にいたるまで政治権力と個々人の良心の関係、政治と宗教・道徳の関係という形で緊張関係を保ち続けている問題として受け取られるべきでしょう。

第Ⅲ章

「特殊」の発生と展開

農作業（『ベリー侯のいとも豪華な時禱書』より）

1　アリストテレス政治哲学の影響——「種」の自己展開は善である

この章では、「普遍」に対応する「特殊」の発生と展開をめぐって話したいと思います。政治における普遍を帝国とするならば、政治における特殊というのは封建王制です。この封建王制が近代では王国になっていきます。王国——イングランド王国、フランス王国、スペイン王国という形で進んでいくわけです。政治的特殊というのは、封建王制を中核とする国が成立してきたということです。ところで前章では、トマス・アクィナスがキリスト教教義(主としてアウグスティヌス神学)とアリストテレス哲学を融合して、時代的要請に応答しうるスコラ神学・哲学を形成したことが明らかにされました。ヨーロッパ人はアリストテレスの形而上学を受け入れると同時に、アリストテレスの政治学、倫理学も受け入れたのです。トマス・アクィナスもそうしました。

アリストテレスの形而上学においては、キリスト教的であるなしは別問題として、種の自己展開は善であるというのが基本命題なのです。植物でいえば、種が着地して、水分と太陽の光線をもらうと芽が出て、成長して花が咲き実がなるという、種の中に入っている可能性が現実性に展開していくことです。植物でいうと成長ですが、この可能性として秘められているものが自己展開、自己成長すること自体が善であるということなのです。

このアリストテレス形而上学の善の教義を十二、十三世紀の政治状況に適応しますと、各地に自然発生的に盛んに成立した封建勢力——その中の大きなものが封建王制に成長していくわけですが——の存在が善であるということになるわけです。自然発生的に成立した権力、統治体というものは、それ自体が善であるということがアリストテレス形而上学で認められると同時に、トマスの行ったアリストテレス哲学をキリスト教信仰によって換骨奪胎したキリスト教的スコラ神学においては、当然のことながら各地の封建勢力もキリスト教的目的に向かって奉仕する権力として位置づけられて、善であるということになっていくわけです。

ヨーロッパ政治思想史において十三世紀の前期というのはエポック・メイキングなことが行われたのです。つまり十三世紀初期にアリストテレスの『政治学』がラテン語訳され、その十三世紀中頃にそれを読んだトマス・アクィナスが神学、形而上学の一つとして法哲学、自然哲学、政治哲学をつくっていったのです。自然に成立した王権力はレグヌム（Regnum 王国）といいます。王国の概念が政治哲学の基本カテゴリーとして生み出されました。ラテン語でいうと王国はレグヌム、国はキウィタス（civitas）です。

アリストテレスが「人間は生まれながらにしてポリス的動物である」という意味のポリスはギリシア語ですが、ラテン語に訳すとキウィタスになるのです。キウィタスという概念が、十三世紀のキリスト教的政治哲学の中で成立したということ、しかもキウィタスというのが、人間の自然的本性の可能性から現実性に展開していった結果として成立したということです。キウィタスは人間の自然的本性の自己展開の結果として成立したものと位置づけられたのです。これはキウィタスの存在そのものが積極的に善として位置づけられることを意味します。

キウィタス・ポリスは王政もありましたが、緩やかな王政で市民参加の政治形態でしたが、そういうものが抽象化され、キウィタスに類似するものとして中世に考えられるとしたら、王権力を中核とした緩やかな支配形態としての王国（レグヌム）が人々の政治意識の中に入ってくるわけです。王国そのもの、王国を運営する王、王権力の存在もプラスの価値として認められるようになってきたのです。

中世の人間は共同体ということをひじょうに重視します。英語でいうとコミュニティ、ラテン語ではコムニタス（communitas）です。共同体が法団体になるとウニヴェルシタス（universitas）です。近代語ではユニヴァーシティは大学ということになりましたが、ウニヴェルシタスというのは中世ラテン語では法団体という意味です。封建家臣団も農民共同体も都市共同体もウニヴェルシタスなのです。都市の中のパン職人のギルド、靴職人のギルド、鋳掛屋のギルドなど、職業によってギルド（同業者組合）がありますが、あれもみんなウニヴェルシタスなのです。大学・ユニヴァーシティは中世に成立しました。いちばん古い大学はボローニャ法学校とサレルノの医学校が十一世紀の終わりに成立しました。十二世紀には、パリ大学が盛んになり、オックスフォード大学をはじめ各地に大学ができました。大学は法団体の一つ、教師と学生の団体なのです。教師と学生の団体は、そのほとんどが土地の司教を経由してローマ教皇によって特許状をもらって、認可されるのです。

中世人は団体の中で自分たちは生きていると思っていたのです。具体的にいいますと、神を頭とする被造物世界全体も一つの団体、共同体というように考えたのです。

神を頭とする宇宙秩序という共同体の中に自分は存在しているから存在できるのだという認識、それは宇宙大に普遍主義的に考えたときの共同体。もう一つは、自分はパリ大学の教授だから、パリ大学という共同体の中に所属するということによってこの世の中に生きていることが可能なのだと自覚していたのです。この点で現代とは違うのです。現代人は個人というものがまず存在し、その次に個人の自由意志に基づいて結成された社会、団体があります。中世では、初めに共同体ありきで、そこに自分が属するということによって、人間として自分が生きていくことができるのだと考えたのです。

その共同体の中で自分が生活していることで自分自身の人間の尊厳を保証されるのです。自分が所属している共同体から除名されてしまうと、人間としての権利も名誉も全部失うのです。共同体に権利と名誉があるわけです。そして共同体というのは人間がつくったものではなくて、所与のもの、神がつくり人間に与えたもの、と考えられていました。ですからこの共同体を正しく運営していくことが重要であり、支配者は正しく運営することが責務とされたのです。人間の目から見て、よりよく共同体を改善すべきだとか、悪い共同体は壊して新しくつくり直すというようなことは考えなかったのです。近代的な意味の政治は中世にはなくて、近代的意味の統治というのが中世の政治なのです。つまり社会の枠組み、秩序構造は決まっていたのです。その運営と統治が支配者の責務と考えられていたのです。

統治、運営という概念があるだけでも政治思想は成立するわけですが、近代の政治思想と中世の政治思想の違うところはここにあるのです。人間の属している社会、団体、共同体が既存、所与のものか、新しく人間が創造していくものかが問題です。中世では、近代のように新しく社会をつくりかえるということはなかったのです。中世の人間は共同体、団体に属していたのだということを覚えておかなければなりません。

この観点から、特殊と普遍の関係を中世人はどのように考えていたかというと、具体的には特殊すなわち小さな共同体、団体の中に彼らは生きていました。自分はパリのパン職人のギルド、ウニヴェルシタスに所属しているという形で生きていました。同時に、自分はパリにある教会に所属して、最終的にはローマ教皇を頭とし、ヨーロッパ全体を含むローマ教会という普遍的世界に生きている、というように考えていました。そういう意味では普遍というのはローマ教会であるし、この普遍的ローマ教会というのは、宇宙創造者にして支配者なる神に最終的につながっているのです。こういう形で人々は普遍ということを実感していたのです。生活の中で実感していたのです。これは別にインテリゲンツィアだけではありません。ごく普通の一般民衆もそうです。

ですから、彼らは字の読めない人でも、聖地巡礼、エルサレムに行ってみたいと考えたのです。スペイン・イベリア半島の西端にあるサンティアゴ・デ・コンポステーラという聖地、あるいはローマなどいろいろな聖地があって、聖地に巡礼するという衝動は、日常生活の狭い共同体の中で窒息するような生活から抜け出たい、解放されたいという意味もあります。日常からの解放が、なぜ聖地巡礼という行動に向かったかといいますと、聖地が普遍性、ひいては救済につながったからです。

人々はいろいろな形で日常生活からの離脱をしたいと思います。中世人はなぜ聖地巡礼をしたか、という問いに対して、日常生活からの離脱だけでは説明になりません。最終的には宇宙の創造者にして支配者である神に連なるという意味において、普遍性に対する飽くなき衝動というしか説明がつきません。

さて、問題は特殊です。知識人も一般庶民も、普遍性ばかりで生きていたわけではありません。特殊とは、それは自分の居住している土地のことであり、そこに生活の場を設けている共同体、人々が所属している団体ということです。十三世紀以降になると、普遍性でなく特殊が人々の心の中に大きな座を占めるようになったのです。

問題は十三世紀の初期に生じたキウィタスとレグヌムの観念です。人々が封建王制を中核として、政治的な一つのまとまりを、明確・不明確の差はあれ認識しはじめたのです。十三世紀は中世政治思想史の中で大きな転換点だったのです。つまりアリストテレス政治学のポリス・キウィタスの概念の受容です。国家というのを英語でステイト（state）といいますが、ステイトというのは、これはルネサンス、マキァヴェリ以降考えられた、権力的支配機構のことです。権力者の意志とそれを実行する官僚群がいて、権力支配集団と被支配者集団を含めているけれども、支配者の意志に基づく権力体だといえるのです。ですからステイトというのは、明らかに権力意志が直接的に明からさまに、間接的には隠された形ですけれども権力意志があって、それを実行する官僚群がいるのです。

問題は中世に国家があったのかということです。二十世紀の初頭にドイツで論争があったのですが、厳密にいえば中世にはステイトはなかったでしょう。しかしステイト、国家という概念を、曖昧な形ではありますが、中世にもステイトという言葉を使ったほうが中世の政治状況を説明しやすいので——中世にはないという意味で、いちおうカッコつきですが——ステイトという言葉は有意義だと思いますので、私は使います。これはあくまでルネサンス以降、マキァヴェリ以降の用語法が正しい使い方であることを前提にしたうえで、あえて中世に国家というものがあったというように考えます。

権力意志、支配意志というのは、マキァヴェリ以前にも当然のことながらあったのです。権力意志、支配意志というものが中世にもあったにもかかわらず、それを実行するメカニズム、官僚群、支配機構が中世はひじょうにプリミティヴであり、近代は洗練されたものができてきたという違いなのです。中世では十三世紀になると、国家の観念が明確に人々の頭の中に座を占めるようになりました。世俗生活の次元において、国家という観念が確固とした地位を占めるようになってきたのです。

この発展は十二世紀にルーツを求めることができるのです。アリストテレス哲学とローマ法学の研究から出てくる諸観念があるのですが、それらを吸収した結果として、政治的な一つの組織というものがありうるのだということを、中世人は十二世紀の大学で知ったのです。同時に、大学の知識とは無関係に封建王制が拡大・成長していったのです。封建王制が拡大・成長するにあたって、官僚群をどこから調達してくるかというと、中世の大学の法学部出身者なのです。

2　法——普遍と特殊の結節点

現代ヨーロッパ人の精神構造において、法的思考が重要な働きをしていることを強調しなければなりません。それは、中世に由来するものであることをここで明らかにしましょう。古代ローマ帝国において、ローマ法が普遍的規範として機能し、そしてそのローマ法を中世ヨーロッパ人が継承して自分たちの法的思考を洗練させ、体系化したことは、歴史の厳然たる事実ですが、それを詳述することは、筆者の能力を超えるものですので、本書では触れません。

(1)　ゲルマン人と法

キリスト教受容以前　ゲルマン人は、古来より、法が人間間を結びつける普遍的な絆である、という考えを持っていました。そして、法と道徳律は一致しているか、きわめて近いものと考えられていました。この法と道徳律の混然一体となったものがゲルマン人の行為規範となり、かつまた彼らの社会意識の中核となっていました。彼らにとって、法は外的強制力であるうえに、さらに倫理的・宗教的な内容を含んだ内的（精神的）な命令でもありました。

法は、前述のごとく、人間間の普遍的な絆であるゆえに、それはまた、人間の共同生活の基礎だったのです。そしてゲルマン人の世界観に基づき、法は世界秩序の基礎でもありました。法秩序は、すなわち世界秩序だったのです。

この世界秩序の中に人間が生まれ出るという自明の理を前にして、ゲルマン人は、人間は一定の法的権利をもって生まれてくると考えました。権利、法、正義などは不可分と考えられていたのですが、彼らはとにかく、既存の特定の政治団体とか宗教団体が生まれた人間に権利を賦与するとは考えず、人間は生まれながらに権利を持っていると考えたのです。つまり「天賦人権説」です。こういう思想基盤が存在したからこそ、自然権（natural right）、人権（human right）の思想原理が近代になって成立し、展開することができたといえましょう。

さて、人間が生まれながらに法的権利（法、正義と不可分）を持っているからには、人間が人々と共に生きるということは、法の中で生きること、法に従って生きることを意味しました。換言すれば、人は正義、法そして権利を互いに尊重することに基礎をおいた人間関係を維持することで生きていたのです。

ただし、この法的権利はそれぞれの身分に対応した権利であって、万人に平等な内容のものではありませんでした。人はそれぞれの身分の中に生まれてくるわけでして、個々人は身分を選択できませんでした。そして各身分はそれぞれの身分に固有な権利をその所属メンバーに与えるのです。この意味で、法的権利は不平等なものでした。そして法の適用も、法がそれぞれの身分に固有な法であるために、すべての人々に平等ではありませんでした。そもそも中世では、法一般というものは存在しなかったのです。ですから、近代国家がその成立時に「法の前の平等」を唱えた歴史的意義は、中世身分法と権利の原理の反転像として存在しているのです。もちろん、この場合の近代法は中世とは異なり、法一般であります。

キリスト教受容以後　ゲルマン人がキリスト教を受容した以後、彼らの法重視の思想は尊重されこそすれ弱まることなく継続され、彼らの法は部分的修正をほどこされつつも、その後のヨーロッパ中世法の構成要素となりました。

キリスト教の受容によって、法と道徳律は近似の存在ではありますが、同義ではなくなりました。まず、道徳律はキリスト教の支配領域のものと考えられ、キリスト教倫理そのものに変わっていったのです。そして法は、人間が従うべき、超人間的な力を発揮しているものと考えられ続けていました。

その上、これまで述べてきたようにローマ教会は教会組織全体を法によって運営し、ひいてはヨーロッパ世界全体を法によって秩序づけていたので、法優位の原則、法治主義的なものの考え方を、ゲルマン人の間に定着させていったのです。そしてキリスト教は、信仰教義として神と人間との正しい関係、すなわち法的関係を強調し、神によって定められた法が宇宙万物を普遍的に支配することを、人々の心の中に植えつけたのです。換言すれば、法は人間によって制定されたものではなく、神によって宇宙創造の時から定められたものとされたのです。すべての人間は、神によって造られた法の下にいるのであり、かつまた神の前で平等であると考えられたのです。この意味で、法はキリスト教倫理の一部とも考えられたのです。

(2) 法・世界・人間社会

法と世界 世界は、神に創造されたものであるゆえに、原初から完全な存在であり、変化のありえない状態を保っていると考えられました。そしてこの世界が混沌・無秩序でないのは、法が世界秩序の構成部分だからなのです。もちろん、法も神の世界創造の際に定められて以来、変化なく不動のものと考えられました。法は廃止されることはなく、そして時間を超越していました。

前述したように、法は世界秩序の構成原理であり、不可欠の要素であります。そして法と世界は永遠にして不滅であります。中世においては近代と異なり、法は神の被造物のすべてに必然的に含み込められている性質とされていました。すなわち、自然世界の生物、物質等々のすべては、それらに固有の法を持っていました。人間世界においては、法が人間世界の基礎であり、人と人の関係は法に基づいて形成されていたことは、前述したとおりです。

それぞれ固有の法を持つとされる被造物のすべてと、それら被造物(すなわち存在している事物)を一つの全体として包摂している宇宙には、神の意志が貫徹していると考えられました。トマス・アクィナスによれば、この神の意志を、人間の理性が理解し把握した結果として形成されたものが自然法（lex naturae）であります。中世自然法は、近代にもさまざまな形で大きな影響を与えましたが、これは古代のストア哲学の自然法思想を、キリスト教教義によって換骨奪胎して、スコラ神学体系の中で理論化したものです。トマスの自然法は、神的世界と自然的世界の双方を結びつける要であり、かつまた人間が社会を形成する際の構成原理でもありました。

中世法思想において、法の淵源は二つあるとされました。

第一は神です。神は、法を創造して被造物のすべてに与えました。法の本質は神とのかかわりによるゆえに、善にして正義であります。それゆえ、地上の最高権力者・権威者といえども、法の改正をなすことは不可能でした。中世の立法行為とは、新しい法の創造・制定ではなく、古い法を「探し出す」ことでした。

法は、神によって創造されたものであるゆえに、古いものとされました。法は、神の宇宙創造以来、存在しているものであり、新設のものは無いと考えられていました。法は探し出され、発見されるべきものだったのです。中世人の意識・感覚の基本的な特徴は、世界は変化せず、発展もしないと考えていたことです。すなわち静的（static）だったのです。それと関連して次に、古いものが新しいものよりも価値を有していると考えられていました。新しいものは、人々から疑いの目で見られ、社会秩序と法の変更・革新は、神に対する冒瀆、不道徳なこととされました。

以上の内容の結論として導き出される、立法者の課題は、新しい法を作成し制定することではなく、古い法の中から、現状の問題解釈に最も適切で公正な法令・規範的命令を選び出し、人々に布告し、執行することでした。

法の淵源の第二は、人民（populus）の法意識でした。人々の道徳意識が新しい法令の発見場所です。人々の道徳意識・法意識は、現実社会で実行されるべき正義の、最良のタンク（貯蔵庫）だったわけです。この中から、支配者・立法者は「新しい法令」を発見して、既存の法体系を補充し、実質的には改正していったのです。以上の観点から、支配者が重大な政治的決定（ほとんどが、既存の法秩序の変更を意味していました）を敢行する際に人民の同意を必要としたのは、納得のいくところです。「神の声は人民の声」（Vox Dei, vox populi）だったのです。

Rule of Law：法の支配　これまで述べてきたことを通じてわれわれが理解できたことは、中世の人々が法には万民を従属せしめる普遍的な力がある、と信じていた事実です。このような法への信頼・信仰から“Rule of Law”（法の支配）の原理が導き出されました。この原理は近代デモクラシーにも大きな影響を与えました。この原理は、一つの全体社会に秩序ある運営を行うために、君主の意志が支配するのではなく、法が支配すべきである、と主張するものです。この原理においては、法の超越性と法の独立性（ことに君主からの独立性）が確立している、というべきでしょう。

"Rule of Law" のもとでは、すべての者には法と慣習に服従する義務がありました。そしてこのことを支配者・君主こそが他の誰よりも率先し、他の模範になるべきであるとされました。換言すれば、君主の最大の責務は法の遵守と正義の実行であります。君主の支配権の正当性の根拠はここにあります。もし君主が法を破る行為をした場合、彼は自己の支配の正当性を自ら否定したわけです。そうすると彼の家臣たち、あるいは彼と封建契約を結んでいる他の封建諸侯たちは、それぞれが遵守していた忠誠の誓いその他の法的拘束から解除されます。そして不法な主君・支配者に対する抵抗は合法的であり正当と認められていました。しかし、支配と服従の関係は現実には多く力によって解決されました。それにもかかわらず、それは異常な関係であり、永続的な支配権は望めません。正常な関係、コストと人間関係に対するさまざまの配慮が最少の支配は、やはり法的関係に移行しないと不可能だったのです。

以上のことを別の観点から述べてみましょう。支配者と被支配者の双方は、次の二点を共有していました。第一は、法と慣習に対する積極的服従です。いやいやながらではなく、心の底から法と慣習に信頼して服従するゆえに、中世社会は平和と秩序が保たれていました。封建制に即していえば、家臣が主君に仕える忠誠、主君が家臣の生命・財産・権利を守る責任を負う庇護、この二つは上述の積極的服従を基礎として成立することができたのです。都市の中では、都市共同体はまさに法団体でした。法と慣習に対する積極的服従があればこそ法団体が成立し維持されることは多言を要さないでしょう。

第二は、法に対する信頼です。これは、前述の主君と家臣の封建契約締結の前提条件である相互の信頼の源泉だったのです。相互に相手が信頼できると思ったからこそ契約を結んだのです。信頼できない人物と思うなら契約などを結びません。もっとも、信頼の対象は人間ではなく、その特定人物を支え、そして背後に普遍的に存在する法であります。主君と家臣は彼らを超越している法、彼らの身分と地位を彼らに与えてくれている法に対する信頼と服従を誓ったからこそ、相互の信頼をも誓うことができたのです。人々を支配しているのは法だったわけです。

法と人間社会　人はそれぞれの身分に対応した法的権利を持って生まれてくる、と前述しました。この考えはキリスト教受容後も思想的に強化されこそすれ、衰えることはありませんでした。換言すれば、人々は法的身分によって特徴づけられ、これによって他者と区別され、そして自分が誰であるかを証明することができたのです。法と密接不可分の身分には、上下・尊卑の段階を仕切る階層秩序（ヒエラルヒー）がありました。人間の重要性は、その人がどのような法的権利を持っているか（すなわちどの身分に属しているか）によって決定されました。その人が所有している私有財産の大小によって決定されたのではありません。このように、法は、社会に生きるそれぞれの構成員の最も重要な識別基準（メルクマール）とみなされました。つまり、社会的カテゴリーは法的カテゴリーだったわけです。

中世社会においては、存在する者は法的身分を有することによってのみ認知されました（法的身分を有するということは、法的権利を生まれながらに獲得しているということと同じであることは、これまで述べました）。社会内に存在する、団体、組織もすべて何らかの法的資格を有していました。たとえば都市、ギルド、大学、教会ですら法団体としてのみ成立し認可されました。それゆえ、人間のみならず団体、組織などの社会内の全存在は法的認可がなければ、社会内で現実に正しく存在しているものとはみなされなかったのです。「無」法の存在は、社会関係を正しく形成することができないのです。なんとなれば、中世社会とは各種各様の法的ネットワークが総合的にひとまとめにされたものだからです。

われわれ「近代人」にとって主要な関心事である「自由」は、中世においては法によって付与されていました。中世の「自由」(libertas)は、文脈によっては「特権」と訳さなければなりません。ある人が自分の所属する身分あるいは団体の法によって付与されている法的権利を行使する場合、その法的権利が認められている範囲内で、その人は拘束を受けることなく行動できます。つまり自由なのです。しかしその人とは異なる身分あるいは団体に所属する別の人は、そのようには行動できません。ですから「その人」の「自由」は客観的に別の人からみれば「特権」でもあるわけです。

身分が高く、したがって質量共に大きな法的権利を生まれながら付与されて、「自由」もそれに応じて多く享受している人々は、まさにそれゆえに法が命ずる拘束・規制を他の人々よりも多く自己に引き受けなければなりません。換言すれば、身分高き人々は、より厳格に法に従わねばならず、そしてより大きな倫理的責任を法の遵守に対して負っていました。これを「ノブレス・オブリージュ」(noblesse oblige)といいます。「より高貴であれば、より義務が大きい」のです。

ところで、われわれ近代人は近代的価値体系に即してこの世に生きる上で自由と隷属が主要関心事ですので、同じく中世の人々もそうだと思いがちですが、中世キリスト教的価値体系において中心的カテゴリーは「奉仕」と「誠実」でした。これは信仰生活において中心的カテゴリーであったのみならず、世俗社会生活においても自分の所属する法団体の中で奉仕することで生き、そして法の命令・指示に対して誠実であることがすべての人々に要請されていました。

(3) 法と封建社会

封建制 われわれが「中世」という言葉に接して強く連想する言葉は、おそらく「封建制」ではないでしょうか。そして封建制については、これまで文脈に即して必要に応じて言及してきましたので、ここで重複は避け、補充すべき点を述べましょう。

封建制は、法制度でもあり経済制度、社会制度、統治制度でもあり、それらのすべてを総括したシステムでした。中世日本の封建制とヨーロッパのそれが異なる点は、ヨーロッパの封建制では、主従関係において双務性、相互性が重視されたことです。主君と家臣、保護者と被保護者の双方は封建契約を締結するわけですが、それは双方が互いに自分に課せられた義務を負担することが大前提であります。しかしこのことが可能になるのは、前述したのですが、双方が自分たちを超越して存在している法と慣習に対してゆるぎなき信頼と服従心を保持しているからです。

封建制における王の権力はどのように成立していたのでしょうか。まず王（king）の存在があり、次に王と個人的な関係にある臣下（subject）たちがいて、この両者の協力関係に基づいて王権力は成立していました。協力関係に強調点が置かれなくてはならないのであって、王ひとりの強力な武力とか経済力で封建制の王権力が成立しているのではありません。そして王と臣下の個人的関係（すなわち私的関係）を成立させたのは、これまで明らかなように、両者を超越して厳存し、そして両者が共に信頼と服従心を抱いている法そのものであります。法は、王と臣下の個人的・私的関係を結合させるとともに、その他の多くの臣下たちとの関係をもひとまとめにして、ゆるやかな統治体を成している一つの全体社会を形成しました。それを王国（Kingdom）といいます。中世の宇宙観によれば、この王国も神を頂点とする宇宙秩序の一部分を形成しています。ですから法は、王と臣下という「特殊」を一つの全体である王国に連結させ、さらに王国という「特殊」を宇宙という「普遍」に連結させるのです。

"Rule of Law"のところで触れたのですが、王・君主といえども臣下と同様に法の下にいます。そして王は、自分たちを超えたところに存在する法に従う義務がありました。この中核的原理の上にさらに、王には正義と信仰の保護という責任が課せられていました。「ノブレス・オブリージュ」がここでも機能しています。というのは、ゲルマン人のキリスト教受容後には、法はキリスト教的価値体系に組み込まれて、キリスト教倫理の一部とみなされていたからです。

団体　人間が個人として自立した存在であると考えるのは近代になってからです。中世社会において自立的存在は団体です。人間はいずれかの団体に所属することによって、まともな人間としての尊厳を獲得し、自己証明をすることができたのです。団体は、成員の人格的尊厳、相互の連帯感そして構成員相互の平等意識を培養し、強化・発展させました。団体内の人間関係は「タテ」ではなく「ヨコ」に構成されていたといえましょう。もちろん、団体内に秩序と統一を保つために大なり小なり支配組織が形成されましたが、高位者に対する恐れではなく仲間意識と相互の尊重が秩序と統一を維持していたのです。近代思想において、全市民が法的に平等（生まれながらに平等）であるという意識・感覚が成立しておりますが、その成立の前提条件のひとつが中世の団体思想であります。

王といえども貴族団体の一員です。決して王一人が他の貴族たちから超越した存在だったのではありません。しかし王は貴族身分（貴族団体）の中の最高位の人間なのです。王は「同等者の中の第一人者」（primus inter pares）だったのです。現実の状況の中では、ある時は他の貴族たちと「同等」の面が強調されたこともありますし、別の時には「第一人者」が強調されたこともあります。

団体論の関連で、中世封建社会の構造の一端を明らかにしましょう。

まずタテの関係は、支配と服従の関係です。土地その他の権益を媒介として封建契約が結ばれ、臣下は忠誠を王に誓い、王は臣下の生命・財産その他の権利・利益の庇護を誓います。封建王制のみならず、皇帝あるいは王と都市の関係も基本的には同じです。

次にヨコの関係は、団体の関係です。臣下たちは、王や領主に個人的に従属してはいましたが、一定の法的・社会的身分を臣下たちに付与する団体に所属していました。

臣下たちは団体として自分たちの権利と利益と名誉を守りました。王や領主も、彼らの身分と団体を尊重せざるをえませんでした。もし王や領主が臣下たちの生命・財産・名誉などを不等に侵害したならば、臣下は身分法に基づいて抵抗しました。抵抗権の発動は、近代の革命とは異なり、法が不当に侵害されたのを正常に戻すために既存の法体系の枠内で実施されました。

中世世界は、慢性的な休戦状態にあったといわれます。近代世界では、一国内に究極手段（ultima ratio）としての物理的強制力を独占的に所有している唯一の支配者が統治していますので、少なくとも一国内では戦争はありません。しかし中世では、近代のこの支配者を小規模化した封建領主たちが自らの固有の法による正当性を主張しつつ、各地に蟠踞《ばんきょ》していました。それゆえ争乱・暴動などは枚挙にいとまがありませんでした。しかし、それにもかかわらず中世世界が恒常的な戦争状態に陥らなかったのは、人々の間に法と慣習に対する信頼と服従があったからです。

3　封建王制の独立――政治的「特殊」と「普遍」のパラドックス

（1）領域支配・主権

さて十三世紀が新しい世界であるということですが、新しい国というのは、封建王制を中核として、一定の土地を自分たちの所有地であると主張して、その土地の中からさまざまな利益をあげて自分たちの国が富むように努力するという、国づくりが意識として芽生えたのです。ところで厳密にいうと、封建制というのは領域という観念とは無関係だったのです。封建制というのは人的支配の関係であって、領域支配ではありません。より上の宗主権を持った封建的大貴族が、より下の者と封建契約、服従と支配の契約を結ぶことですむのです。下級封建領主の領地も自分のものだとは、上級の封建大貴族はいわないのです。封建大貴族は自分の土地は持っているけれど、それは自分の生活を賄うために使うのであって、周辺の小貴族たちと封建契約を結ぶということであって、彼らの土地を直接所有・運営するということではないのです。一定の領土とその中にいる国民を持つことは近代国家の成立要件の主要な二つですが、その領土という観念は純粋な封建制において存在しなかったのです。

十三世紀以降になると、おぼろげながら領土観ができてくるのです。土地を支配することによって政治権力を充実拡大していく、という政治意識と政治制度ができてくるのです。こういう国家が発展しますと、帝国制度を主張するような、普遍主義の主張を時代錯誤なものにしてしまうのです。現実には十三世紀の終わりくらいには、フランス封建王制が力をつけ、ローマ教皇と対立するまでになってくるのです。十四世紀にはアヴィニョンにローマ教皇庁をもってきてしまいます。十三世紀というのはそういう意味で政治的特殊、つまり領域国家ができてきた時代なのです。

これは新しい世界なのですが、増大する都市の勃興と商業活動は、経済、法のシステムとしての封建制度とはそぐわなくなります。より経済的利益が得られる方向に封建領主たちも向かい、封建制の網の目をできるだけ緩やかにして、勃興してくる都市とうまくやり、商業活動も自分の領域の中で円滑、活発に行われるようにします。封建領主の側は支配者の利益の観点から見て、その方向に動いていきます。そういう意味で封建制も少しずつ侵食されるのです。しかし歴史は直線的には進まないもので、十三世紀の新しい時代といえども古い観念がまだまだ残って、新しい観念と並行していくわけです。古い観念もしぶとく生き続けるわけです。古い観念と新しい観念が並行しているということが、政治思想を複雑にしているのです。これが十三世紀の終わりから十四世紀の中世末期の政治思想をおもしろいものにしているのです。

ヨーロッパ中世の最頂点は十三世紀だと覚えておいてください。いかにも中世らしいのは、とくに十二世紀の後半から十三世紀の半ばです。十三世紀の終わりから十四世紀になると、中世の普遍主義的なさまざまなもの、とくにローマ教会の権威は昔日の面影を失ってしまいました。政治的普遍としてのドイツ帝国などの権威はすでに失墜していました。それと反比例して、ヨーロッパ各地は各封建王制が成長してきて王国単位で動いているわけです。とくにフランス、イングランドが強力でした。しかし古い観念はまだまだ十三、十四、十五世紀まで残っていくわけです。封建制のものの考え方は簡単にはつぶれませんで、封建制が完全に政治の舞台から追放されたのは、フランスでは一七八九年のフランス革命です。フランス革命政府によって最終的に封建制が駆逐されたのです。

前述のごとく、十三世紀の半ば以降、領域国家が歴史の現実に登場してきます。十四世紀の後半にはラテン・ヨーロッパ世界は、多くの主権国家によってモザイク状に分割されていました。とにかくラテン・ヨーロッパは、十四世紀の後半には完全に主権国家に分割されていました。このことは、一定の領域の中に政治的に組織された共同体または人々が出現するようになったという意味であります。「政治的に組織された」というところを強調したいのです。次にこの共同体または人々の間で、対内的・対外的に、主権を有する支配者あるいは統治体、ガヴァメントが発展してきましたが、この「主権を有する」というところを強調したいのです。

まず「政治的に組織された」ということを説明します。電気のあるところで音楽も聞きたいし、テレビも見たいと思います。電気というようなサービスは、社会が組織化されていないとだめなのです。社会が組織化されるということは、支配権力があって、社会をコントロールしている所で実現されるのです。権力、支配、統治とはおよそ関係ないように一見みえる、電気、蛍光灯一つをとってみても、政治というものが如実にそこに反映しているのだということを読み取ってほしいと思います。現代社会というのは本質的にこういうものです。政治権力と直接・間接に関連があるものなのです。

一定の領域の中で、いままでは政治的に組織されていなかった人々は十三世紀の半ばくらいから、政治的に組織されはじめたのです。一般のパリ市民たちも、自分たちはフランス国王の下にいるのだという意識が、おぼろげながら芽生えてきたのです。国王側も、そのように思っている人たちをコントロール下におくほうが、自分の政治的地位の保全と経済的利益の増大につながるところから、フランス国王に対する忠誠心のある人々をさまざまな形で組織し、自分のほうへ引きよせようとしました。「政治的に組織する」というのはそういうことです。緩やかな形ではありますが、政治的に組織された人々が出現したということです。支配者の側から見たら、意図的に人々を政治的に組織化するというのが、自分の支配の維持のために重要なのだとわかってきたのです。それ以前は、封建領主たちをコントロール下におけばそれでよかったのです。封建契約を結ぶだけでよかったのです。それは決して政治的な組織化ではありません。

さて、「主権を有する」という問題は、対内的にも対外的にも、その人がその土地の中の主人、支配者であるということを客観的に認められ、主観的に主張できることです。これが「主権を持っている」ということなのです。主権者というのは、中世フランス語にしろ中世英語にしろ、「ご主人」という意味です。家の主は妻や子ども、下僕に対して、スヴラン（souverain）であるといわれていました。封建領主は封建家臣に対してスヴラン、ご主人様である、ドミヌス（dominus）であるといわれました。「ご主人」・家父であることは、伝統主義的社会の中では、それだけで支配の正当性を主張できたのです。中世世界では、あのコスモロジーの中でいうと、神が主権者なのです。神が唯一最高の主権者なのです。人間社会における主権者というのは、いろいろ分かれています。十四世紀後半には主権を有する支配者で占められていました。「主権を有する」という意味は、人々が民衆のレベルでの生活実感として、あの人は私のご主人、というその人が主権者なのです。

政治思想の知識に詳しい人なら、ジャン・ボダンが主権理念を確立したと覚えているでしょう。それは正しいことです。ジャン・ボダンは主権理念を法的に体系化しました。十四世紀のこの時点では、主権理念というのは法概念ではありますが、人々の生活感覚としての主権ということがいわれたのです。ジャン・ボダンが十六世紀の半ば以降に主権概念をつくって、フランス国王権力を安泰なものにしようと努力したところには、おもしろい政治思想の論理的メカニズムが働いているわけです。ジャン・ボダンは主権思想を自分で無から有に、オリジナルにつくったわけではないのです。中世の、いま問題にしている時期ぐらいから主権思想が芽生えてきて、それを十六世紀後半に法学者ジャン・ボダンが、法的に洗練された理念体系として確立したのです。過去から現在にいたるまでいろいろあった主権に関するものの考え方を吸収して、法概念としてまとめあげてフランス王権の安泰のために用いたというのが、ジャン・ボダンの功績なのです。

主権というのはひじょうに具体的にしてパーソナルな概念なのです。人間に結びついた概念なのです。「私はあなたがたに対して主権者である」ということの「私」、「あの人が私たちの主権者である」という「あの人」という人間そのものに固着している概念なのです。本来的には主権というのは、国王という地位や官職に付いているのではなくて、パーソナルに国王の人そのものに付いているのです。

領域国家の話に戻ります。最初に領域というのが重要で、次に支配者は主権者である、スヴランであるということ、こういうプロセスを踏んで領域国家は磐石の基盤を確立していくわけです。このプロセスにとって決定的に重要だったことは、専門的に訓練された多くの人材が、領域国家の中で王の顧問、あるいは王の意志を実行する官僚にならなくてはだめなのです。行政的な行為、あるいは法律をつくるという立法的行為というようなさまざまな分野に投入されて、主権者のまわりの人たちが人的ネットワークをつくり、一定の地域の人々を支配することになるのです。これは明らかに人間がつくったシステムです。

その人材供給の場、機関というのが必要なのですが、人材訓練の場が何かというと、これが十二世紀以来勃興してきた大学の法学部なのです。中世の大学は、最初に哲学を学んで基礎訓練を受けたあとに専門的に法学、医学、神学を学ぶのです。法学部における法学教育というのは、哲学教育を経たうえでなされました。法学部で訓練を受けた人が主権者の官僚集団に集まってきて、官僚を形成するわけです。大学というのは、ヨーロッパ中世の発生当初から、現実社会との強い結びつきの中で成長してきたといえるのです。法学部を出てドクトル(法学博士号)を取ったら、すぐに王の法律顧問官に迎え入れられます。国王の法律顧問官は高給で社会的にもステイタスが高い地位を享受することができます。

大学とは哲学を学ぶところではありますが、同時に有利な職業につくための手段、近道であったということは争えない事実です。人材訓練の場が、大学という合理的な人間の知的営みをする場所であったということが、興味あるところです。大学というところで知的に訓練されて、訓練された者に学位が与えられ、学位を与えられた人間が官僚層になっていきます。官僚制というものがヨーロッパで発生・成長し、近代の国家の運営のための幹部となってくるのです。ここにヨーロッパの社会の合理性、人々のものの考え方の合理性というものの大きな要素があるのです。

世俗の君主のもとにだけ集まるのではなく司教、大司教、枢機卿、ローマ教皇という高位聖職者のもとにも官僚が集まっていくわけです。すなわち、ローマ教皇を中心とする高位聖職者たちも世俗の君公と同じ世俗の支配者という側面を持っている、といいたいのです。そこに集まった官僚たちには、教会法の訓練も必要でしょう。同時に世俗の法律、ローマ法の訓練を受けた人間が教会に集まってくるのです。教会の運営も教会法に基づいてなされます。前に述べたとおり、教会というものは、たんなる神秘主義者の共同体、不定形な人々の集まり、カオス状況ではなく、かちっとした形を持ったもの、アンシュタルトでした。中世のローマ教会は、中世のさまざまの組織・団体の中で、近代国家に近い唯一の存在です。アンシュタルトを運営するためには官僚が絶対に必要なのです。人間組織の中で、あるものがアンシュタルトであるかないかを判別する基準の一つは、その組織の運営のために官僚制を持っているか否か、ということです。大学で教会法とローマ法を学び、二つの法の博士の称号をもらい、高位聖職者の秘書や顧問官になり、高位聖職者を目ざすのです。ちなみに、中世の多くのローマ教皇は教会法学の訓練を得た人々でした。

十四世紀の後半に主権国家がモザイク状にヨーロッパをおおっていったというそのプロセスで、それ以前も以後も、領域国家が自分の地位を確立するためにやらねばならないことがあったのです。中世の緩やかな政治共同体において統治体（government）・政府は、自分が持っている裁治権（jurisdiction）と競合関係にあるような下位の団体の裁治権と争わなくてはならなかったのです。主権者の裁治権は下位の団体の持っているそれと摩擦、紛争を起こすわけです。そのためにいちばん効率よく行政をするには、下位団体をつぶして自分と相争う裁治権を持った実体をなくしてしまえばいいわけです。しかしそれはなかなかできないことです。封建王制は外敵と戦うと同時に内敵（自分の領土内の封建的下位団体の裁治権、法的要求）と戦うというのが日常の統治行為だったわけです。それが相争う裁治権の第一です。

第二番目は教会。教会も自分たち固有の裁治権を持っていたのです。一定領域内の最高の世俗的権威というものは、自己の権威を確立するために封建下位者の裁治権を持っている人に対しては、封建的裁治権を自分に吸収するか、存在を認めても自分に服従を誓わせるかしなくてはいけないのです。教会に対しては教会裁治権が世俗権力の固有の利害関心を侵害するようなことが生じた場合には、教会そのものをコントロールしなくてはいけないのです。教会側から見たら、自分たちに何百年も認められている固有の権利、裁治権を世俗の君主が侵害してくると思うわけです。そこで一所懸命それに対抗するのです。

ところが世俗の主権者の側から見たら、自分の領土内で教会だけが不輸《ふゆ》不入《ふにゅう》権を享受するのはけしからん、自分の一円的な領域支配が不可能になるのは不都合である、行政の効率が悪いということです。領域支配で理想的なのは、領土内のいかなる所でも同一の行政原則で統治されることです。ところが東と西とでは違う行政原則を適用しなくてはならないし、あるいは東では全然自分の統治原則が適用できないけれども、西では適用されるとなると、西側の人間は東側のようにしてほしいとアピールするわけです。そうなると理論的に粉砕することはできなくなるわけです。あちらで認めればこちらも認めざるをえないわけです。

支配者の側から見たら、自分の領域の中に固有の慣習的権利を持っている法団体としての教会がいるということは、統治がきわめてやりにくいことになるわけです。さらに、封建支配者は教会にくらべてまだ非力なのです。これがなかなかつぶせないのです。それを実行したフランスの革命政府の政策として重要なことが二つあります。

それは封建貴族たちの身分と権利の剝奪です。同時にフランス内におけるローマ・カトリック教会の精神的権威と法的な権利が離れがたく結びついているのを粉砕するというのが、革命政府の重要な政策だったのです。

領域国家の主権の問題に話を移します。十三世紀にアリストテレス政治学を受容することによって、国家の理念をヨーロッパ人が再発見したという話をしました。十二世紀終わり以降、教会法学者とローマ法学者は当時の統治形態の潮流を反映して、領域的主権の思想を展開させました。法学者は王の支配に領域的主権の思想を適用しました。それには二つ命題があります。第一に、「王は彼の王国内において皇帝である」(Rex Imperator est in suo regno) という格言をつくりました。第二の命題「王は上位者を認めない」ということです。

(2) 王は彼の王国内において皇帝である

ここで王 (Rex) と皇帝 (Imperator) という概念を明確にしておく必要があります。ローマの共和制あるいは帝政下で、ローマの支配に服した諸民族の首領はレックスという称号を与えられたのです。それはローマの共和政の主権者、あるいは帝政になってからは皇帝から、レックスを有する人物に対して、「あなたはあなたの部族を統治してよろしい」という正当性と権限を付与するということです。その正当性をローマの側が認めるのです。与えられた地位が王、すなわちレックス、キングなのです。皇帝というのはイムペラートル、これはローマ帝政における主権者なのです。彼が権威そのものであり、彼が法律をつくるのです。レックスはイムペラートルによってつくられた命令、法律を各地方で実行する人なのです。

このローマの法の定義が中世まで引き継がれてきます。「王は彼の王国内において皇帝である」という意味は、王はその王国内において、ローマの皇帝のごとくに立法者であると同時に最高の政治的権威者であり権力者である、という意味なのです。王というのは、皇帝が一つの全体としての帝国の中で享受している権力と同じ権力を、ミニサイズの形で王国内で保持していることです。

第二番目の「王が上位者を認めない」というのは、王国内においては、王に対して命令する権威や権力は存在しないのだということです。言葉をかえていいますと、少なくとも王国内においては、王が皇帝に現実に従属していないということを示すものです。これは現実にシャルルマーニュ以降のドイツ皇帝とフランス、イスパニア、イングランドの封建王制との関係でいうと、王は王国内においては皇帝に従属しているのではないのだということです。

こういう思想が何百年も発展することによって、封建王制から近代的な絶対王政へと連続的に発展していくわけです。

レックスがイムペラートルだという理念なのですが、十二世紀の終わりごろに教会法学者の著作の中に見られるのです。十三世紀の初めにはローマ法学者の法学教科書に出てきました。第二番目の命題の「王は上位者を認めず」という理念の法学的な精緻化は、徐々に十二世紀から十三世紀を出発点として始まってきました。王の顧問官たちがやっていくのです。権力者としての王の意志を実行する官僚層が、大学の法学部出身者だといいました。人材も、派遣する母体もできているし、受け皿もできているのが、十三世紀の初頭以降なのです。法学的精緻化というのを、そういう人たちがやったのです。

ローマ教会が中世において花と咲いた十三世紀に、優れた指導者が何人も出現しました。インノケンティウス三世もその一人です。名門貴族の出で頭もいいし、性格もいいし、学者ではないが適正にキリスト教の教義も知っていると同時に、適正に法学的訓練も受けていました。インノケンティウス三世が一二〇二年に教皇令を出しました。その教皇令「ペル・ヴェネラービレム」の文言の中に出てくる、「王は上位者をその王国内において認めず」という文言は、その前年にフランス王フィリップ・オーギュストが用いてインノケンティウス三世にアピールしたものです。その言葉を繰り返したものです。

この繰り返す行為にどういう意味があるかということです。教会法学者は、この教皇令が、フランス王は皇帝から事実として独立していると解釈するべきなのか、フランス王は皇帝から法的に独立しているといっているのか、解釈が分かれました。

フランスとナポリでローマ法の研究が盛んだったのですが、ローマ法学者たちはこの二つの理念を総合的に展開して、王の領域的主権の命題にまで発展させていったのです。二つを総合して王が王国内において主権を持っている存在、すなわち主権者であるという形に練り上げていったのです。

教会法学というのは、中世暗黒時代といわれて、中世のローマ教会の法律で人民を教会に縛りつけるものだと誤解するむきもありますが、教会法というのは、教会という法的な制度がいかにあるべきかという憲法であると同時に行政法なのです。また同時に、その教会員たちが現実の生活の中でいかにすべきかという意味においては、一般生活まで規定する民法だったのです。現代的な言葉でいうと、そういうことになります。教会法学者たちがインノケンティウス三世の教皇令をあのように分析するというところに、彼らの法学センス、法学的思考の健全さが表われています。事実十三世紀のローマ教会法学者の学問的業績というのは、政治学的・法学的にひじょうに豊かなものがあります。これはティアニーの『立憲思想』を読めばわかります。

さて前述したように、アルプス以南のイタリアも含めて西ヨーロッパ全体が「キリスト教世界」であり、それは同時に「ローマ教会」であり、かつ「ローマ帝国」であるという意味において、その全体が一つの普遍だったのです。西ヨーロッパ全体が一つの普遍です。復興されたローマ帝国は同時にローマ教会でしたが、それはともに普遍です。政治的普遍であり宗教的普遍であるのです。その中のフランスの封建王制やイングランドの封建王制というのは、普遍に対応する特殊なのです。政治的権威においても政治的領域においてもそうです。

問題は、普遍とのかかわりにおいて「特殊」である封建王制が何をしたかということです。「王は王国内において皇帝である」、「王は上位者を認めない」という二つの命題を主張するというのはどういうことを意味するかというと、ドイツ帝国とかローマ教会という普遍的権威に対抗して、特殊的な封建王制権力が、自分の力で自己の正当性を立証していることなのです。自分の力で、普遍的な権威、権力によりかかることなく、私自身が支配権としては正しい存在なのです、ということを主張しているのです。そして特殊であるところの封建王の権力が、自分自身の手に法的な正当性を握るということは、自分自身の手に合理性も握るということを意味するのです。

正当性を立証するということは、ある一つの権力が、私の権力はあなたがた被支配者たちからみて正しいのだということを立証して、被支配者の多くの人たちに納得してもらわなくてはいけないのです。そのためには、支配者と被支配者の生きている社会の、共通の文化的土壌の中の基本原理に立脚して、その基本原理のもとで自分たち支配者側の権力はいかに有意義にこの社会の中で機能しているのか、正しいことをしているかを立証することです。そこには合理的な考え方、合理的な活動が見られるのです。

ある人たちに自分の権力が正しいのだと説明し納得してもらうには、理論あるいは思想が論理的に首尾一貫して展開されることが必要です。ここに合理性が成立するのです。ところで支配者・被支配者がいっしょに住んでいる社会が共通に持っている文化的基本原理は、合理性ではありません。基本原理は合理性を超えた価値世界から来たものです。しかしこの価値に即して支配権力の有意義なこと、正義を実行していることを論証すること、正当性を主張するというのは、合理的活動です。こういうところに政治思想が芽生え、発展してくるわけです。自分の持っている政治権力がいかにこの社会の基本原理に合致し、いかに全体の福利と正義と法を実行しているのかを証明する、それは政治理論、政治思想の理論的展開ということになるのです。これは支配者・被支配者が共通に住んでいる社会の中での基本的価値概念、文化理念ということに根ざすということです。

このような理論構築と実践は、特定社会の基本的価値の文脈にかかわる法と正義の実践という面で、その社会の全体の中で皆に納得されるという意味において、一つの普遍的原理の再発見なのです。同時に自分の側にその普遍的原理を取り込むわけです。ですから、政治的「特殊」は特殊のままでは政治的権威・権力としては正当性を獲得することができず、普遍性となんらかの形で関係を持たなくてはならないのです。

ヨーロッパの中世では封建王制の王の側が、皇帝という普遍的政治権威、理念をてがかりとして、自分自身が王国内において普遍的存在なのだということをいうわけです。正当性を主張するさいに普遍的原理を利用するわけです。自分の主張には正当性があるというさい、正当性の根拠をどこから持ってくるかというと、自分が展開する理論が普遍的価値体系、普遍的価値原理とのかかわりで議論を展開しないと説得力がないわけです。ヨーロッパ文明が普遍性を追求することを特徴とするのが、このような面にも出ていることをわれわれは注目しておきましょう。

普遍的原理に関して、現代のことをちょっと話しておきたいのです。現代を生きるわれわれにとっての普遍的価値原理として、私は人権（ヒューマン・ライツ）を考えたいと思います。人権というのは歴史的な連続性をたどってみると、初源的にはフランス革命において目ざめ、フランス革命の思想がナポレオン法典の形をとって世界各地に広まっていきました。なぜ世界中に展開していったかというと、人権思想というのは普遍的なのです。現時点での人権思想というのはフランス革命とは関係なく、人間一人ひとりが生まれながらに侵すことのできない権利を持っているのだということです。人権というものを無視するような政治権力は、遅かれ早かれ潰え去るのです。帝国主義的な支配者側と圧迫されている被支配者の植民地解放闘争という形をとったのは、第二次世界大戦後です。それ以降さまざまな形の抑圧をはねのけようとする人たちの欲求は、明日のパンを食べたいという形の反乱もあるでしょうが、自分が人間としての尊厳を人から認められたい、自分が人間として社会の中で正しく評価されたいという欲求、それを抑えることはできないのです。ですからこれからの普遍的価値の中の一つは人権だと思います。人権を無視した政治というのは、最初はうまくいったとしても、遅かれ早かれ崩壊することになるでしょう。それがエコロジー（環境）の問題ともかかわりあって、複雑な様相をこれからは呈するでしょう。環境問題にしても開発にしても、人権を無視したところに問題の展開はないと思います。普遍性というのはそういうことです。

中世に戻りますと、ヨーロッパ中世では精神的価値の普遍性、これはキリスト教の神です。同時に政治的普遍性というのはローマ皇帝。普遍的なものとのかかわりで勃興しはじめてきた封建王制たちは、普遍的原理を再発見して、それを自分の側にいかにして取り込むかということに存亡をかけたのです。もちろんローマ教会という普遍的な価値と制度があって、それに依拠した政治権力の正当化ということもありえたのです。しかし十三世紀以降成長してきて、十四世紀に入ってしまうと、ローマ教会、ローマ教皇に従うことを潔しとしなかった封建王としては、自分自身が自己正当性を主張する論拠をつくりたいわけです。王制度の法的な精緻化、あるいは政治思想的な精緻化というものが行われたのです。現代のわれわれはそれを政治学的に分析して、中世十三、十四世紀にも政治思想がりっぱにあったのだといえるわけです。それは政治権力の正当化理論です。

さて問題は、この問題をどういう形で私が評価するかというと、普遍と特殊の関係なのです。特殊という存在が自分自身の立場を正当化しようとして、人間の理性を駆使して理論化しようとするとき、初めは普遍的権威から離れて特殊性を自己展開、自己発掘して、ぎりぎりのところまでつめていけばいくほど、別の普遍にたどりつくのです。そういうところに普遍と特殊の関係が見られるのです。

特殊は、たんなる特殊ではありえないのです。特殊が自己の具体性を徹底的に掘り下げていくと、普遍的なるものとのかかわりに必ず行き着くのです。政治的特殊として成立した封建王制が特殊としてだけ存在するなら、たんなる私的な封建権力で終わるわけですが、封建王制という形で展開していくと、少なくとも自己の領域内において、普遍的なるものを発見せざるをえないのです。自然に発見することになっていくわけです。中世における普遍と特殊の関係はそういうことなのです。

(3)「ナショナルなもの」の生成

封建王制が領域的主権として成長・発展してくることと軌を一にして、「ナショナル」な感情、「ナショナル」に社会全体・政治秩序を考えていこうとする姿勢が成立してきました。封建王がいかにがんばって自分は王国内において皇帝であると力んだとしても、それに共鳴してくれる共鳴盤がないとだめなのです。その共鳴盤がナショナルな感情なのです。あの王に従うことはわれわれにとっては名誉である、というふうに思ってくれる被支配者たちが出てこないと、この領域的主権というものは、現実にある特定の土地に根ざすことができないのです。ナショナルな感情というものを封建王制は育成することが重要だったわけです。

それは十九、二十世紀のナショナリズムというような、ものすごく世界史的なインパクトを与えたナショナリズムの育成というものとは違う形で行われたでしょう。王としては、私がおまえたちの支配者なのだというふうにして、国内を巡察するわけです。王が王族や廷臣たちを連れて、フランス王国ならパリを離れて経巡るわけです。

そうすることによって一般民衆たちは、これが自分たちの王であるということを現実に目で見るわけです。そういうことによって、王様はすばらしい存在だというふうに思わせていくのです。同時に人々は、あの王のもとで自分たちは生きているという意味において、多くの人々と王は一体なのだという感情を芽生えさせていく、それがナショナリズムなのです。

ナショナリズムの世紀は十九世紀ですが、十九、二十世紀というたかだか二百年間を見ただけでも、ナショナリズムの成立と育成はある意味で近代人にとって恥ずかしいものだといえます。なぜなら戦争も一つの政治行為とするなら、第一次世界大戦、第二次世界大戦という、国家の名のもとに人命を何千万も殺すこと、かつ国家のために死ぬことを厭わないような感情を人々の心の中に植えつけた、あのナショナリズムというものは、やはり人間がどこか狂っているとしかいいようがありません。十九世紀から二十世紀にかけての百五十年ないしは二百年のナショナリズムに踊らされた近代人というのは、後代の歴史家から見たら狂気と評価される危険性・可能性は十分あります。

ナショナルな感情は中世後期に芽生えてくるのです。しかしそれは近代のナショナリズムと同一視することはできません。最初の形は、自分はイタリア人である、ドイツ人であるという感覚としてでてくるのであって、近代のように国家という抽象的団体に対する忠誠というような意味でのナショナリズムとは違います。たとえばイタリアでは、ドイツ人がイタリア半島に侵入してきて、ドイツ人に対抗したイタリア人であるという感覚があるのです。ドイツ皇帝がイタリアに侵略して都市を焼き払ったり、暴虐のかぎりを尽くしたわけです。それが「チュートン人の猛威」(Furor Teutonicus)という言葉を生んだのです。イタリア人の受けた衝撃の中から生じた「チュートン人の猛威」という言葉によって、「自分たちイタリア人は」というイタリア人的一体感が生まれるのです。これはドイツ皇帝フリードリヒ・バルバロッサ(在位一一五二―一一九〇年)の時代にまで遡ることができます。

しかしそれからずっとイタリア人として全員一致結束して外敵にあたったわけではないし、外に侵略するということもないわけです。そういう気持ちが起きたとしても、イタリア半島の政治的モザイク状況、断片化のゆえに、国家に対する忠誠心、イタリア国家をつくろうとするまでには発展しませんでした。

十三世紀、大学があちこちにできたとき、ボローニャ大学やパリ大学の学生組織が国、ナツィオ（natio）に基づいて組織化されました。ボローニャ大学やパリ大学はインターナショナルなのです。しかし中世にはネイションがないのですから、インターナショナルといえないかもしれません。ネイションがあるからインターナショナルがあるわけです。いろいろな国から人々は集まってくるわけですが、十三世紀の学生組織でも、イタリア人組織、チュートン人組織、アングリカン組織、スコットランド人組織、フランク人組織というように、数種類の出身地の学生たちが集まって、学生団をつくっていくのです。つまりナツィオに基づいて形成されたという事実です。これは明らかにナツィオ、ナショナリティという明確な自覚が芽生えた証拠です。しかし政治的な行動、政治的な思想として出てきたのではなく、たんに文化的・地理的な識別基準としてしか意味がなかったわけです。

いまわれわれはナショナリズムを現実に体験しているので、私がくどくいうと違和感を感じるかもしれません。ナショナリズムがない時代のことを考えてください。私はイタリアのロンバルディア地方の商人だが、あなたはハンザ都市の商人、同じ商人だから生まれ故郷はどうでもかまわない、商売いっしょにやりましょう、共通の利益を追求しましょう、こういう形になることはありうるわけです。それが近代になるにしたがって、おまえはイタリアの商人、おれはドイツの商人、そしておまえよりは別のドイツの商人と手を組んで利益を追求したい、という形のナショナルな感情、識別感情ができてくるということです。この時期、ナショナルな識別感情というのは、イングランドとフランスの百年戦争によっていっそう燃え上がっていきました。どうも人間というのは、戦争をするとアイデンティティが高まるようです。敵はイングランド人、われらフランス人というように、フランス人のアイデンティティが高まっていくわけです。

一四五〇年までの時期においてはネイション（nation）とステイト（state）の完全な関係は、イングランドとフランスとボヘミアにおいてのみ見ることができます。ネイションとステイト、つまりナショナルな感情と政治的統治体の完全な結合関係は、イングランドとフランスとボヘミアにおいてだけみることができるのです。ボヘミアというのは現在のチェコスロヴァキアです。われわれはネイションとステイトが結合しているのが当然だと思っています。ネイション・ステイト、国民国家といいます。しかしネイションとステイトが結合しているというのは、歴史の偶然なのです。偶然というのは、為政者が政治的利益のために意図的にくっつけたからです。ネイションが国家という統治機構とくっついているということは人為的なのです。

一四五〇年代に戻りますと、イングランドとフランスとボヘミアが、ネイションとステイトの結合関係にありました。ボヘミア、現在のチェコスロヴァキアがなぜ結合関係にあったかといいますと、きわめて明解に宗教意識とネイション意識が強かったからです。結節点は宗教改革の先駆者フスです。ボヘミア地方というのはドイツ帝国の属領となっていたのですが、自分たちはゲルマン民族と違うという自覚と、宗教的にもゲルマン民族とは違うということで、フスは焼き殺されますが、彼の宗教改革の思想を受け入れて、信仰と民族意識ががっちり固まったのです。この地方の政治権力として、反皇帝勢力として成立してきたのです。

イングランドは、アイルランドやスコットランドを外した本当のイングランドの人たちは、イングランド王のもとに自分たちはこの島の中に住んでいる、ドーバー海峡の東はよその国だと、百年戦争などをしていると敵国フランスという自覚のもとに、わが味方イングランドは、という形でまとまっていくのです。

フランスはフランスでまた、イル・ド・フランスを統治しているカペー王家ユーグ・カペーから始まったフランス王のもとに自分たちは集まって、西からの外敵イングランド人をやっつけるという形でまとまり、あるいは北東からこちらを窺っているライン河以北のドイツ人と自分たちとの識別感情が生まれたのです。それ以降は政治権力者が徐々に強く出てきて、土地と人間をたくさん持てば持つほど豊かな国ということになりますから、征服していって異民族を自国民に編入していくわけです。そういう形でネイション・ステイトというのができたのです。

（4）「公」の再発見

ところで封建制というのは、支配する家の主が自分の私有地を運営管理するという意味においては、「公」と「私」の区別でいうと「私」なのです。「私」の論理で領地の支配と経営が行われているのです。しかし領域的主権という考えが明確化されてきたとしても、「公」の原理、観点が出てこないと、領地内の一円的な統治を正当化することはできないのです。「私」の支配原理はどんなに徹底的に追求して理論展開しても、しょせん「私」は「私」なのです。いうまでもなくローマ法には「公」の法原理が存在していました。そして十二世紀のソールズベリのジョンもその著作の中で「公」(publica) について言及していましたが、中世ヨーロッパ社会には根づいていませんでした。

問題は、「私」という封建制しかも封建王制の中で、「公」というものをどういう形で生み出していくかなのです。前に述べた二つの命題からいっても、たしかに王は自国内において上位者を認めず、皇帝である。そして「皇帝」理念は普遍性であるけれども、普遍的権威が直接的に公的原理を創出することにはならないのです。問題は「公」を開拓しなくてはいけないのです。「公」の開拓をするための準備段階として政治的普遍の理念が大きく貢献した、と私は考えています。「普遍的」というのは自分の住んでいる世界全体にかかわることですから、自分一人の領域とは違うという意味において、「公」の原理を発見しやすい素地があるわけです。

前述の繰り返しになりますが、中世の法というのは「古き良き法」であり、神が人間に与えたもの、立法者は神であるから、人間が法をつくるという立法概念はなかったわけです。人間は与えられた法を解釈するという意味では、中世は立法はなくて司法のみだったのです。そして法に基づいて統治する、その中世の法は基本的に古き良き法であって、人間より古く神が人間に与えたものという形において新しい法をつくるということはありえない、そんなことをするのは神に対する冒瀆だったのです。

ところが外敵が侵入してきますと領土防衛が必要になってきます。フランス十四世紀、百年戦争のころの話です。領土防衛のため軍備が必要、軍備が必要ということは金がかかる、金を捻出するためには領民から税金を徴収しなければならない。言葉をかえると、外敵から国土を守るというのは「共通善」(bonum commune) のことです。この場合の「共通」とは、諸々の身分の相違を越えるということと、支配領域の全体に及ぶという二つの考えを内包しています。共通善のためには、税金をあらたに徴収する権利が支配者にはあるのだ、という感覚が支配者の側にある、そして被支配者の側にも新規に納税してもよいという感覚が生ずる。そういう形で被支配者から税金を徴収する慣習法が成立してきたのです。

国民が国に税金を払うのは当然の義務と近代人は考えていますが、それは国家が公的権力だからです。中世封建王制は私的関係、私的領域の集合体なのですから、領民が支配者に税金を払うというのはきわめて特別な事柄だったのです。封建契約に基づく権利・義務関係として、被支配者・領民が支配者にいくら払うということを認めていたとしても、それ以上の額を新規に払うということは、あらたな法律をつくるのと同じくらい重要なことだったのです。

これと連動して、共通善のためには支配者はあらたに法律をつくってもいいのだ、つくる権利があるのだという考え方になってきたのです。共通善のために新しい法をつくることが支配者に認められることになると、共通善というのは領土全体のことですから、たんに支配者の私的な財産の防衛だけでなくて、被支配者の財産も防衛することになります。その防衛行為も含めた支配者の統治行為は、単なる私的領域を超越した別の次元のものという意味で、「公」の感覚がここに成立するのです。このことを別の観点からみると、支配者と被支配者がともに一つの全体の中に生きているという考えが生じました。この「一つの全体」をトータルに包み込む原理が、「公」というえるでしょう。

公の概念が成立してしまえば、あとはその原理にのっとって、公的権利としての支配者の権利を実行するということで新しい法律をつくるし、新しい税金を徴収することができるという形で、支配者の権力と財力は徐々に増えていきます。中世の権利意識からいうと、そのようなことが五十年、百年と続くと、それは支配者側の犯すべからざる奪うことのできない公の権利だというふうに、慣習法として認められるわけです。被支配者側もそれを認めるという形で徐々に慣習として積み上がってきたものが、公的な権利として認められる、そこに「公」というものができてくるわけです。

しかし「私」と「公」はまだまだ未分離の状態なのです。それが完全に分離されたのは近代政府ができてからです。イギリスでいったらヴィクトリア王朝時代です。フランスでいったら一七八九年以降の革命政府ができてからです。それ以前から絶対王政の中において、国庫は、王のプライベートな金庫と国全体のパブリックな金庫が別だという考えは徐々にできてきます。しかしまだ未分離なのです。

「公」の概念、「全体の利益のため」という概念、ナショナルな感覚。これらを連結させ、体系化して想像してみると、おぼろげながら近代国家の産声が聞こえてきます。

4　マルシリオ・パードヴァ

「政治的特殊」の政治理論を確立した点で無視できぬ思想家にマルシリオがいます。彼はアリストテレス政治哲学を受容して、トマス・アクィナスとは対極的な政治理論を展開しました。十四世紀初期に活躍し、主著『平和の擁護者』を一三二四年に書いたと記憶しておいてください。彼の理論的意図は次のようになりましょう。

当時のヨーロッパ政治の混乱と無秩序の原因は、ローマ教皇の世俗政治への介入と干渉にあった。しかもこの介入と干渉は、これまでたびたび述べたごとく、政治と宗教が未分離な状態だった当時の社会構造の中では、ローマ教皇に伝統的に認められていた正当な権利の行使だったのです。ローマ教皇のこの権利を基礎づけているさまざまな思想的原理を根底から破壊すること、これがマルシリオの究極的意図といえるでしょう。そのために彼は何をなしたか。

まず、人間は自分の中に内在する自然的本性が現実化することによって集団を形成します（アリストテレス政治哲学の受容です）。次に、その集団が人間のエゴイズムの過剰行為によって崩壊しないために、正義に裏打ちされた法律によって秩序維持をするために国（キウィタス）を建設することを人々は意志して、国・完全社会を樹立します（キケロ思想の影響です）。ここで明らかなように、国家は人間の自然的本性と意志によって形成されたものであるゆえに、国家の存在を正当化するためにキリスト教の価値体系に依存する必要はありません。したがって、国家あるいは世俗政治領域にローマ教皇が関与する合理的根拠も法的権利もまったくない、ということになります。

マルシリオの国家の主権者は「人民」（populus）です。人民とは国家を構成する基本的部分です。この人民は国家を構成し、人々に「十分な生活」(アリストテレスの言葉です)を提供するために職能分化しているさまざまな「部分」を決定する権限を保有しています。

その「部分」の中の一つとして「聖職者集団」があります。つまり国家の主権者が聖職者集団を決定し、国家の中のしかるべき場所に位置づけ、そして統御するわけです。国家はキリスト教とその聖職者の存在を、人民の「十分な生活」に必要とされるかぎりにおいて、国家内に認めるのです。

人々を現世において拘束する法律も、国家が正規の手続きで制定した実定法のみが人々を拘束する効力を持つとされます。中世に伝統的に認められていた自然法と神法は、マルシリオによってその意義と存在を否定されはしませんでしたが、現実社会の中における法的拘束力は否定されました。教会法も同様です。

マルシリオの政治理論は、政治的特殊すなわち封建王制、都市国家などにのみ妥当するのではなく、宗教的権威に依存する必要のない政治団体のすべてにとって、そのあり方の基礎を提供するものでした。マキァヴェリより約二百年前のマルシリオの思想がいかに近代を先取りしていたか、ここに明瞭だと思われます。

第Ⅳ章

中世の終わりの始まり

アヴィニヨン教皇庁全景

1　公会議運動――その政治思想的意義

「中世の終わりの始まり」を明らかにするということは、逆にいうと、終わらない前の中世とは、どういう特徴を持っていたのかということを明らかにして、そしてその特徴が喪失しはじめることを明らかにすることでしょう。

とくに中世盛期といわれる十二世紀終わりから十三世紀全体にかけての百二十～百三十年間は、いったいどういう特徴があったのか。これは前にもいいましたように、九世紀以降からいわれるようになったレスプブリカ・クリスティアーナ（Respublica Christiana）、「キリスト教社会」という一つの世界、普遍的世界と考えられているものがあったのです。この「レスプブリカ・クリスティアーナ」という理念に盛り込まれた文化および領域というのは、ローマ教会（Ecclesia Romana）という言葉で表された宗教・政治制度の中にいる人々、これの全体を含めるわけです。このエクレシアというのは、たんに教会という宗教組織ではないということをいいました。一つの世界を表す用語であると。このエクレシアというものの中で、宗教と政治が区別されていたけれども、未分化の状態でした。宗教的問題の最高責任者がローマ教皇で、政治的最高責任者が皇帝です。そういう時代なのです。

問題とすべきことは、このエクレシアの中で「信仰は一つ、教会は一つ、頭《かしら》は一つ」といわれていたのですが、この一つ、一つのそれぞれが壊れていくのが「中世の終わりの始まり」であり、完全に壊れてしまって、まさに多元的になった時代が近代の始まりということになります。信仰は個人の内面におかれるもの、個人個人が違う信仰を持つ、信仰には頭はいらない、教会も一つということはありえない、という形で教会が分裂していきます。分裂し、かつ多元的になっていくことが、中世の終わりで近代の始まりというわけです。

（1）　運動の諸相

中世の終わりが始まっていくきっかけになる、ひじょうに大きな運動、すなわち歴史的に見ればエポック・メイキングな、また中世カトリック教会から見るとショッキングな運動が起きます。これを公会議運動（Conciliar Movement）といいます。公会議をラテン語でコンキリウム（concilium）といいます。英語でいうカウンシル（council）

のことです。これは十四世紀の末から十五世紀初期にかけて起こった運動ですが、発端は、「頭は一つ」といわれていた一人しかいないはずのローマ教皇が、制度的に正式の手続きで二人になってしまったのです。

この状態に至る歴史的な説明が必要でしょう。一三〇五年から一三七七年にかけて南フランスのアヴィニョンにローマ教皇庁が移されていましたが、アヴィニョン滞在中、七十二年間、フランス国王の影響のもとにありました。これを「ローマ教皇庁のバビロン捕囚」というい方をします。それが一三七八年にローマに帰るわけです。事件の発端は、ローマに帰ってローマ教皇が選挙で選ばれたときに、イタリア人のウルバヌス六世が選ばれます。正規の手続きで選ばれていたローマ教皇を補佐すべき枢機卿の一部が、教会法の正規の手続きによりウルバヌスを拒否して、フランス人のクレメンス七世を選出したのです。ウルバヌス六世とクレメンス七世、この二人が正規のローマ教皇として並立してしまったわけです。「信仰は一つ、頭は一つ、教会は一つ」といわれている「頭」が二つになってしまいました。しかも教会法の正規の手続きに基づいて二人が選ばれてしまったから、事態は深刻でした。

この問題を解決するために、公会議（コンキリウム）が召集されます。そもそも公会議というものは、古代キリスト教の時代からありました。信仰の重要問題を討議し、決定する正規の機関として召集されていました。とにかく、ローマ教皇並立の問題を解決するために公会議が召集されます。公会議でなんとか問題を解決しようとしたのですが、今度はこれまた正規の手続きによって教皇が三人になってしまいます。これはたんに教会史の問題ではなく、ヨーロッパの全体構造にかかわるゆえに政治史、政治思想史の問題だからやっかいです。十四世紀末から十五世紀初期の公会議運動とはどういうことかというと、キリスト教徒全体を代表する公会議によって、ローマ教皇の教会に対する支配とか統御の権利・権力を制限しようという運動です。

政治学的側面　ですから、これは政治学的な問題の側面を持っています。まず「代表する」ということですが、「代表」というのは政治学の原理です。また「ローマ教皇の教会に対する支配・統御」、これも政治学の概念。「権利・権力」、これも政治学の概念です。「権利・権力を制限する」、これもそうです。しかも中世は政治と宗教が未分離の状態であったわけですから、教会の問題は政治の問題、政治の問題は教会の問題、ということになります。

問題にすべきは、公会議運動で展開された思想状況です。この運動にはいくつかの側面があるのですが、いままでに述べた運動の持つ意味、この一つの側面のほかに、もう一つ別の側面もあります。これを細かく分けますと、まず第一が、アヴィニョン滞在中のローマ教皇が権力を濫用したのですが、権力濫用を抑制する、反対する運動としての運動という側面。中世は伝統と慣習によって、君主も聖職者もすべて拘束されていました。ローマ教皇もその例外ではありません。ところが教皇庁がローマという古い土地を離れ、アヴィニョンという新しい土地に行くと、ローマで行われていた伝統と慣習がローマ教皇を制約するわけではないので、ローマ教皇の権力はアヴィニョンで増大します。ローマ教会の中央集権制もアヴィニョンでより大きくなるし、税金取り立てもより多くなります。と同時に、倫理的に弛緩してくると、教会内は腐敗し、当然のことながら信仰は薄れます。さてそういう意味で、ローマ教皇が権力を濫用したことに対する反対という側面が公会議運動にはあったのです。

第二番目は、教会行政と教会裁判の中央集権化に対する反対。教会の統治が中央集権化していたのです。

第三番目は、これらのことに関連するのですが、腐敗した教会に対して、教会改革に向けて改革をしなければいけないという広がりが、民衆のレベルでも、聖職者のレベルでも出てきたわけですが、そういう意欲が表われたものとして、公会議運動が考えられます。

公会議運動に内在する理論的・原理的な対立を理解しておくと、政治思想の観点から見て、意義深さが理解できます。公会議のキリスト教教義における権威の問題、それから教皇の裁治権（jurisdiction）上の優越性、すなわちローマ教皇が裁治権において、他の聖職者より優越した法的地位を持っているという原理・原則です。

公会議の権威は、古代から教会の伝統として連綿と流れ続けてきました。公会議というものは、キリスト教の歴史において、信仰の重要な問題を決定する際いつも、キリスト教徒の全代表という形で各地の高位聖職者が集められますが、公会議によって決定された教義における権威というものが昔から認められていたわけです。いまでもそうです。これと第二番目の、ローマ教皇が裁治権上の優越を持つという原理、この二つは原理的に対立するものなのです。この原理的に対立する問題をどのように解決するかということが、公会議運動の歴史的意義といえます。しかもその解決するプロセスで、政治思想史上ひじょうに重要な概念がいくつか出てきます。それをお話しします。

ナショナルなもの（natio）　この運動が示唆するいろいろな事柄があります。それは宗教感情において、ヨーロッパ全体という普遍性の重視から、ナツィオ（natio）、生まれた土地の文化・言語・慣習によって人々はひとまとめになるという特殊性の重視、一種のナショナリズムですが、そういうナショナリティを重視する方向に変わっていきました。宗教感情において、普遍性の重視から特殊性・国民性の重視へ、これが運動が示唆する事柄の第一です。

第二は、宗教問題は、少なくとも教養ある聖職者のすべての人々によって、正しく議論され、決定されることが可能であるという見方が、この運動から現われてきました。それ以前は、ローマ教皇が召集した公会議によって信仰の問題は決定され、一般信者はその決定を信仰するという形でした。それに従わない者は異端として弾圧されていました。ところが、宗教問題はそんなふうにローマ教皇と集められた公会議の人たちによって決定されるのではなく、教養ある聖職者のすべての人々が集まって議論して決められることなんだという考え方が出てきたのです。これは、教会の中に、神学的にも信仰的にも成熟した人々が多くなってきたことの結果です。

信仰上の問題においても、いままでは無知蒙昧だった一般市民・一般信徒も知性を身につけてきましたし、聖書を読めるような人も出てきたわけです。と同時に、いわんや聖職者の中で、教養のある聖職者もたくさん出てきたのですから、必ずしもローマ教皇を中心とした少数の知的・権力的エリートだけで信仰上の問題を決めるのではなくて、教養ある聖職者のすべての人々が一堂に会して議論して決定すべきだ、という意見が、この運動では出てきたわけです。

この運動が現実的にはどういう動きをしたかということですが、それも政治的意義があります。それは、教皇権力の集中に対する実際的選択肢として現われたのは、その教皇の権力のある種のものを、世俗君主とネイション・ステイトに移転するということです。教皇権力にいろいろ集中してきて、税金をとる権力まであるわけですが、そういう集中化された権力に対して、公会議運動の人々が、ローマ教皇の権力を分割して、それを各地に分け与える、つまりいまのわれわれの日本でいうと、中央集権があまりにも発達しすぎているので、地方分権にすべきだというようなことです。しかし、そういうローマ教皇に集中化された権力をはぎ取っても、はぎ取られた権力の受け皿が教会の中にないわけです。その受け皿はどうすべきかというと、結局、既存のもう一方の権力である世俗の君主とか、それこそ成熟しつつあったネイション・ステイトということになります。ネイションというものとステイトというものがくっつきはじめたわけです。

前章でも言及したように、それまでは政治的な団体と必ずしもネイションが結合するわけではありませんでした。ところがネイションがひとまとまりになって、政治団体を形成するようになりました。その結果、さきほどいったレスプブリカ・クリスティアーナ（キリスト教世界）といわれていた一つの全体的な普遍的世界が、ルーズな形で連合しているネイション・ステイトのいくつかの連合体、というふうに展開していってしまいます。ですから、普遍性というものの意義が薄れていったということの表われです。レスプブリカ・クリスティアーナという、いままできちんとあったものが、かなりルーズな政治的・宗教的実体に変わっていったのです。

これは一九九一年八月からこのかたのソヴィエト・ロシアの動きを見ていたら、よくわかります。ソヴィエト・ロシア、ソヴィエト連邦を中世のレスプブリカ・クリスティアーナにたとえてみると、そのレスプブリカ・クリスティアーナというふうにまとめる文化的な力、すなわちソヴィエト・ロシアでいったらソヴィエト共産党の力ですが、それが薄れていったのです。そうするとどうなるかというと、各地で独立運動が起こるわけです。ウクライナとか、ベラルーシとか、アゼルバイジャンとか、いくつもあるわけですが、そういうものがこの一年間、独立しようとしてきました。それで、緩やかな独立国家連合体にしたいという動き、こういうような動きは、じつをいうと、中世から近代にかけてヨーロッパが経験していることなのです。中世ローマ・カトリック教会とソヴィエト・ロシアのあり方というのは、一党独裁ということと、一宗教独裁ということとで、よく似ています。とにかく求心力と拘束力がなくなってくると、ネイションでまとまろうとする、ということです。ソ連邦になる以前のロマノフ王朝によるツァーリズムによって、独立する芽はすべて弾圧によってつぶされ、ロシア帝国に併呑されてきたわけです。それは革命が起こったあとも続いてきました。しかし共産党独裁体制が終わると、各地のネイション独立の運動を拘束する力がなくなり、ネイションを基盤とする国家が出現してきました。

さて政治思想史的意義として、公会議運動というのは、ヨーロッパ立憲思想史のひじょうに重要な一ページといわれてきました。立憲思想史（constitutional history）というのは、じつをいうと政治思想史なのです。この問題に興味がおありの方は、（私の訳で恐縮ですけれども）『立憲思想』をお読み下さい。ブライアン・ティアニー（Brian Tierney）というひじょうに優れた学者の本です。

公会議主義　公会議運動において、公会議を擁護する大部分の思潮はどういう特徴があるかというと、二つあります。まず第一は神学的なものです。これは教会の問題だから当然です。それを以下に述べましょう。

（1）教会の真の頭はキリストであり、ローマ教皇はこれに従属する。

（2）教会の根源的権威は教皇にではなく、信徒の全集合体（congregatio fidelium）である教会全体（Ecclesia）に属する。

（3）公会議はキリストから直接、至高権（plenitudo potestatis）を与えられ、これは教皇の権力・権威に優越する。

（4）公会議は聖霊によって導かれて教会全体の真理を代表し、誤りを犯すことはない。

（5）公会議は教皇による召集なしで参集することができ、そして教皇に服従を要求し、場合によっては教皇を罷免することができる。

（6）教会が分裂、堕落、異端による腐敗に陥ったとき、キリストの神秘体としての教会の統一、改革は公会議の義務である。

第二は、教会の全体構造に適応されたものです。全体構造ということは、憲法・コンスティテューション（constitution）ということです。このコンスティテューションは、別の表現でいえば、一つの組織の基本組織ということです。

われわれ現代人は近代国家に住んでいますが、この近代国家という法団体にいちばん近い組織を過去の歴史に探してみると、それは中世ローマ教会だということを前にいいました。カール・シュミットの言葉で、「近代国家の政治概念は、あるいは近代国家の公法概念は、中世のローマ教会の神学概念が世俗化したものである」というひじょうに有名なテーゼですけれども、まさにそのとおりだと思います。つまり十四世紀以降勃興してきた封建王制が、王制度を理論的に、つまり法的にも政治理論的にも自己の正当性をがっちりとつくっていくためのいちばんいいモデルは教会だったわけです。教会法の公法的側面・基本的側面を国家に転用していくわけです。そういう意味で、宗教と政治が未分化の状態であったために、公会議運動の思潮のいくつかは世俗の国家構造にまさに直接的に適応されていきました。これはあとで話します。

(2) 公会議運動の立憲思想的意義

いま問題なのは、教会の基本問題を論ずるということは、教会の基本的なあり方をどうすべきかという問題であり、これはすなわち現代国家の基本を論じるさいには、憲法をどうすべきか、どう解釈すべきか、どう改革すべきかという問題に等しいわけです。しかし問題とされた論点は、本質的にコンスティテューショナルなもの・憲法的なものであったということがいえます。それであるがゆえに、法学部で中世の教会の問題を政治思想として論ずることに意味があると私は思います。これがたんに宗教思想史とか宗教の制度史だったら、私は論ずるつもりは毛頭ありません。

公会議運動の中にはいくつかの憲法的理念がありますが、それは何かといいますと、公会議は、教皇の同意なくして、いかにして召集が可能であろうか、という問題です。これはローマ帝国でキリスト教が国教化された以後は、公会議というのは、ニカイアの公会議とか、その他宗教問題がひじょうに熱心に論ぜられた公会議は、皇帝が召集しました。

中世の八〇〇年に再興された西ローマ帝国は、昔の純正の世俗帝国ではなくて、ローマ教皇によって再興されたローマ帝国だといいました。これはキリスト教的ローマ帝国であるわけです。そうしますと、しかも政治と宗教は未分化ですから、教会の問題は帝国の問題、帝国の問題は教会の問題となってきたんだということをいいました。教会の長である教皇と、帝国の長である皇帝という二つの中心からなる楕円が、中世の世界構造であるということもいいました。

この事実の意味するところは、これも前にいったことの復習ですが、政治的最高権威者であるドイツ皇帝が、統治者能力と責任能力がある場合は、政治問題の解決を皇帝がやりました。それと対応して、宗教問題において、ローマ教皇に当事者能力と責任能力がある場合は、ローマ教皇が宗教問題を解決しました。ところが、政治問題が発生したのに皇帝に統治者能力・責任能力がない場合、放っておくと混乱します。その場合は誰が政治問題に対して最高の権威者であるかというと、ローマ教皇なのです。ですから、ローマ教皇が政治の問題にかかわることは、不当な介入ではないのです。逆にそれと相反して、宗教問題で混乱が起きたときに、宗教的最高権威者であるローマ教皇が当事者能力と責任能力がない場合は、ローマ教会の一方の最高責任者である皇帝が、宗教問題についての最高判定者です。もちろんその場合、最高の判定者とはいえ、その決定に至るためには、いろいろと高位聖職者とか学識者を呼んで意見を聴取して、宗教問題の解決に向けての裁定を下すわけです。ですから皇帝が宗教の問題にタッチするのは不当な介入ではないわけです。

それかあらぬか、歴史的にいっても、古代ローマ帝国の国教であるキリスト教の信仰の大問題を解決するために、皇帝の命令で公会議が召集されています。しかもキリスト教の教義の本質的な部分は六世紀で完成しています。一世紀から六世紀の六百年間で、だいたい現在まであるキリスト教の教義そのものの基本的なものは完成しています。ですからキリスト教の歴史を熟知している人は、宗教問題で混乱が起き、ローマ教皇が当事者能力と責任能力がない場合、それでは公会議を開かねばならぬ、ということをすぐ頭に思い浮かべるわけです。その場合に公会議を召集するのは誰か、誰が正当な召集する権威を持っているかということが問題になるわけです。

これはわれわれとしても、憲法的にひじょうに類似の問題があります。誰に国会を召集する権威と権限があるかということです。国会の召集権というのは重要なのです、国政を審議するという意味において。日本国という一つの政治的共同体の代表を集めて、その共同体の基本的問題を審議する会議を召集できる人というのは、その共同体の中でもっとも政治的に権威のある人なわけです。

さて、十四世紀から十五世紀初めにかけて話を戻しますと、公会議は教皇の同意なくしていかにして召集可能であろうか、という問題になります。教皇制がしっかりとつくられていたときには、当然のことながらローマ教皇が公会議を召集していました。しかし教皇が二人になってしまったので、公会議を双方が勝手に召集しても解決になりません。複数の教皇という存在は、当事者能力も責任能力も発揮することができません。

公会議主義の思想的特徴の第二番目は憲法的問題です。公会議という存在は、教皇の権利請求に優越するどのような権威を持っているかということです。公会議は、ローマ教皇が、「私にはこれこれこういう権利があるんだ」という主張があるさいに、「いや、その権利はあなたにはありません」とか、「あなたの権利よりも公会議の権利のほうが法的に優越しています」というような主張をしないと、ローマ教皇の権利請求を退けることもできず、封殺することもできません。そのような権利を、ローマ教皇に対して優越するような権威を公会議は持っているのか、持っているとしたら、どのような権威なのかという問題です。

これは明らかに、われわれの近代憲法にもある問題です。公会議を議会にたとえ、ローマ教皇を王に置き換えたら、すぐにこれは世俗の政治の問題につながってきます。議会と王という関係。王の召集命令なくして議会は集まることができるのか、あるいは王の権利請求があまりにも不当だということで、議会が王の権利請求を退けるというようなことができるとするならば、議会はどのようにして王より優越した権威を持っているのか、という問題。こういう問題、すなわち王と議会の関係を、どのようにお互いチェックしあってバランスよく国政を運営していくかということが、近代ヨーロッパあるいは近代イングランドの議会史であり立憲思想史なわけです。そこで、"King in Parliament"という言葉を法的命題として発見していったわけです。この問題はちょっといま本旨からはずれますので、言及するだけで前に進みたいと思います。

とにかく考えられるかぎりのいろいろな憲法的議論が持ち出されて、教皇並立という困った状況を打開するために、いろいろ考えられました。考えるにあたって、二つのテーゼが出てきます。公会議主義者たちはこういう非常事態に対して、どういう理論を用いたかというと、これはイクイティ(equity)の理論を持ち出しています。日本語でいうと緊急権といっていいと思います。緊急非常事態が発生すると、いままで正常な状態の中で機能していた法体系も、緊急事態では実行できないわけです。そのときに緊急事態を解決するためにはどうしたらいいかということで、まったく既存の法体系とは違う、合理的根拠に基づいた、この緊急事態を解決する論理を展開しなければなりません。

憲法学的にいうと、緊急事態において緊急権を発動し、かつ実行する人ないしは人々が、主権者なのです。緊急事態が発生したときに、主権者でない人たちがああだこうだといっても、人々は納得しません。非常事態で、この人が合理的な根拠のもとに、合法的ではないけれども合理的な命令を下すなら、われわれは従いますというときの、その、国民が従いますという相手が、主権者です。あるいは主権者の命令を帯びた、主権者の権威を帯びた下位グループ、下位者です。

もちろん憲法制定権力も主権者です。そもそもが憲法を制定するという事態がノーマルではありません。ノーマルなのは、制定された憲法が動きはじめてからです。憲法を制定するということは、非常時・非常事態が長く続いて終わりそうになったときに憲法が制定されて常態になってきます。その常の態が何十年か何百年か続いた後に、ある時非常事態が発生する。その非常事態が発生したときにどうするかというと、その時に緊急権を発動して解決することのできる人ないしは団体が、主権者あるいは主権者から管轄権あるいは統治権を委託されている人たちです。

公会議主義者たちは、この緊急権理論を用いました。それは、アリストテレスからずっと続いていて、アリストテレスのときはエピエイケイアというギリシア語が使われていましたが、ラテン語でアエクイタス（aequitas）、英語で equity です。どういう主張を「アエクィタス」のもとに公会議主義者がしたのか。以下に述べましょう。

（1）「実定法（positive law）は、非常事態のときには、自然的正義によって補完される必要がある」。

政治体制・社会体制が正常な状態のときに、この体制を統御するのが実定法です。しかし多種多様な原因によってこの体制が非常事態に陥った場合、実定法で統御することは不可能です（逆にいえば、実定法が統御可能であるならば、その体制が非常事態に陥ることはないのです）。この場合、自然的正義によって、もっとも合理的にかつまた早くに事態を正常に戻すために、人々は行動する必要があると考えられました。

（2）「いかなる世俗の団体、共同体あるいは正しく秩序づけられた政治体（polity）も、緊急時にはそれ自身で集合することができる」。

公会議主義者たちは、現在は非常事態であるという認識のもとに、こういう非常事態だから、最高責任者に当事者能力とか責任能力がないのだから、共同体の全体が自分たちの問題として、代表者を一カ所に集める、あるいは代表者として選ばれている人たちが、召集されなくても集まることができる、という主張をしたわけです。

政治的・社会的に混乱して、人々が、なんとかしなくてはいけないという緊迫の度合い、問題関心の密度が高まっていくと、自然に人々は集まります。問題関心があると、まず隣近所が集まり、町役場に行ってみようということになって、徐々にコンセンサスが出てきます。

とにかく公会議運動というのは、あの当時ヨーロッパという社会がひじょうに混乱したという意味で、政治的秩序も教会的秩序も無茶苦茶に乱れ、そもそも公会議運動が起こる前から教会も権威が衰えてきたし、政治秩序も勃興しつつある封建王制が出てきて、帝国の秩序が乱れはじめていました。信仰の問題においても、教会の問題においても、政治の問題においても、すべての秩序（社会的秩序）が動揺していたのです。

動揺した秩序の中におかれた人は、ひじょうに不安なわけです。不安な人々が問題解決するさいに、どうしたらいいかという解決の指針を与えてくれるはずの権威が崩壊していたのです。ですから、もうだめだということで、教会の問題を解決するには公会議、ということになったのです。しかし公会議主義者たちは、古代からの教会の伝統と教会法に照らし合わせてみて、公会議を召集する人は誰かという問題につきあたってしまいました。誰もいないわけです。それで新しい議論として、いまいったような二つの命題を考えました。

いまいっている問題に関して、この公会議運動では徐々に論争が進んできますと、二つの相関連する憲法的な教説が展開されました。第一、「教会全体は、ローマ教皇に優越する」。第二、「教会全体は、公会議によって代表される」。この二つです。ここにはすでに政治的な概念が表に出ています。教会全体を国家に、国民全体になぞらえることができましょうし、教皇をキングとするならば、「国家全体はキングに優越する」、「国民全体はキングに優越する」と。「国民全体は総理大臣に優越する」――当然のことです。それから「教会全体は公会議によって代表される」というのは、「国民全体は国会によって代表される」、そういうことになります。あるいは「日本国の国会は日本国民を代表する」というテーゼが、われわれは昭和憲法ですぐに思い浮かびます。そういうような憲法的な教説は、この十四世紀から十五世紀のときにもうすでにでき上がっていました。

教会の中に究極的な権威が存在するということは、公会議主義者は疑いませんでした。そしてつぎに、その究極的な権威は公会議に付託されるというふうに考えました。とにかく十四、十五世紀の公会議運動の思想原理は、いまいったような二つの形で述べられています。もしローマ教皇が教会の分裂を引き起こしたり、スキャンダルを起こしたり、教会の共通善を崩壊させるならば、教皇は公会議によって裁判にかけられ、罷免される――公会議がローマ教皇を審査して、教皇にふさわしくないと判断したならば、教皇を罷免する権威がある――ということをいいだしたわけです。公会議は教会全体の権威のもとに、教皇の上位者として行動することができる、といいました。

代表理念　公会議運動の中に、いま説明した二つの憲法的な教説が見られましたが、ここから引き出される重要なテーマがあります。それは代表理念ということです。われわれはいま、代表という理念のもとにある人を選挙して、代表を国会に送っていきます。審議可能な人数を一堂に集めて、その代表が議論したものが政治的共同体全体の運命を決めるという、代表の理念、これは人類の歴史とともに古いわけではありません。

ヨーロッパの思想史、政治史を見てもわかりますが、ポリスも代表制ではありません。直接民主制です。人民全体が集まって、ポリスの有権者たちが集まって、そこで議論して決定するわけです。ローマのキウィタス（都市国家）も、ローマ市民の代表、というのは元老院のことですけれども、元老院議員（セナートル）が議論してローマ共和国の問題を決定するという形です。ローマが皇帝制になってしまうと、代表が政治の場で機能する余地はほとんどありません。アルプス以北のゲルマン人たちは、部族の共同体全体の会議、有資格者の会議があって、そこで重要事項を決めました。ですから代表という論理も働きません。

代表という論理が働くのは、人々が一定地域に集住し、自分たちは共通の文化を享受し、共通の社会と秩序を形成しているという自覚があり、しかしこの共通の社会は人口があまりにも多く、面積もあまりにも広いので、全員が一カ所に集まって議論することはできないという状況になったときに、代表理念が成立します。代表という必要性が生まれるわけです。ですから代表という考えが生まれるためには、代表が集まって議論するということには、直接討議するには広すぎる居住地域の面積と多すぎる人口があるということが前提とされます。しかも自分たち全体は居住面積が広いとはいえ、人口が多いとはいえ、一つの文化的共同体を形成しているんだという意識のあることが前提になります。ですからナショナリティという自覚がなければ、代表という自覚も必要性も生じないわけです。

これを別の表現でいえば、代表として選ばれるということは、代表を送り出すための母体が必要であるということです。その母体とは何か。母体として成立するためには、母体の中の人たちがアイデンティティを同一にしていないとありえないわけです。そのアイデンティティはネイションなのですが、それが十四、十五世紀にできてきたことは前述のとおりです。そういうことを前提にして、代表が成立してきます。

そうすると、代表理念がこの公会議運動で出てきたのですが、公会議に各地のキリスト教徒が代表を送り、そこでキリスト教世界全体の基本問題を審議させるべきであるという発想になってきました。いままでは高位聖職者だけがコンキリウムに、ローマ教皇の召集に基づいて集まっていました。ところが今度はヨーロッパ各地の一般信徒であるキリスト教徒が、自分たちの代表を公会議に送ることができる、代表を送るという権威があると考えられるようになりました。送られた代表はキリスト教世界の基本問題を審議する能力と権威があると考えます。もちろん代表は、現実には、そのへんのパン屋のおやじさんとかではなくて、神学またはキリスト教にひじょうに詳しい人でした。結果としては大学の神学部の教授あるいは高位聖職者が代表となり、実態は中世とはさほど変わりません。しかし選出する方法が違ってきています。昔はローマ教皇が、ローマにいて各地に召集状を送り、そしてみんなが集まってきた。しかし今度は違います。何月何日に集まるために、われわれこの地域単位のキリスト教徒は、この地域単位の中での代表を送る権威があるのだということを自覚したわけです。こういうところで、公会議運動が中世カトリック教会内デモクラシーの苗床だといわれています。

(3) 共同体主権

さてつぎに移ると、教会が実際にその権威を発揮できるのはローマ教皇によってではなく、教会の指導的メンバーで構成される公会議をとおしてのみであるというふうに、公会議の主張が転換してきました。公会議運動では、代表という問題がまず政治学的に重要ですが、そのつぎに重要な主権の問題が出てきたわけです。主権(sovereignty)の問題、教会統治においては、教会全体が主権を持っているという主権の思想が出てきました。しかも世俗の政治においては、共同体全体が主権を持っているという主権理念が出ていました。この前者の教会主権を、後者の共同体主権に適応する考えがしばしば生まれました。その逆もしばしばありました。世俗の共同体統治の理念を教会主権に適応して、いろいろと理念を強化していくわけです。

先ほどからいっている中世のレスプブリカ・クリスティアーナという構造では、政治と宗教が、区別はされてはいたけれども未分離であるということは、こういうところにも表われています。政治の問題を解決するために生まれた理論が教会の問題を解決するために適応されるとか、その逆もまた成立するわけです。こういうところに、教会にかかわる理論としての公会議理論が一つの政治理論であるという理由が見いだされます。ですから政治思想研究者で、公会議運動を研究する人が、欧米にはたくさんいます。たんなる教会史の研究者ではなく、立憲思想史の研究者としても一流という人がたくさんいます。

問題は、この主権理論ですが、この人たちがいっている主権の内容は、こういうことです。

まず第一が、「全体は部分よりも優越する」。あたりまえじゃないかと、われわれは思いますが、こういう理論が成立するためには、たいへんな苦労があったのです。「全体は部分よりも優越する。ゆえに教会全体はローマ教皇よりも優越する」。これはそれ以前でしたら、「ローマ教皇は教会全体の主権者である」ということで、「教皇は教会全体に優越する」ということだけが考えられていたわけです。そういうときに公会議運動が出てきて、こういういい方をするということは、たいへんな改革です。あるいは教皇主義者から見たら、改悪です。教会は堕落の極みにおちた、ということになるのでしょう。

第二のテーゼは、「多数は誤りをおかさない」ということです。公会議は信仰において誤りをおかさない、とそういうテーゼがつくられました。これもひじょうに重要です。

公会議は信仰において不可謬であるということは、あの当時の公会議主義者たち、ピエール・ダイイ(Pierre d'Ailly)とか、ジャン・ジェルソン(Jean Gerson)とか、あるいはドイツのニコラウス・クザーヌス(Nicholaus Cusanus)など、当代一流の哲学者、神学者、教会聖職者がいろいろな形で発言をするのですけれども、この問題は、たんなる制度的な議論をデモクラティックに議論するから誤りをおかさないということではなくて、それとは別の、信仰の論理からいわれたものです。

問題は、主権というものの基礎はどこにあるのかということです。教会内の主権、この場合彼らは「主権」(sovereignty) という言葉をもちろん使いません。中世ローマ教会では教皇が最高の権力を持っていたということで、プレニテュード・ポテスターティス (plenitudo potestatis) というのがあります。plenitudo というのは、英語でいう plenty です。potestatis は power ですから、"plenty of the power" となります。「権力が充満している」ということでしょうか。すべての権力を一手にローマ教皇が持っているということなのです。これを「至高権」と私は日本語に訳しています。

使徒ペテロがキリストから授与された権威は、ペテロの後継者としてのローマ教皇に代々引き継がれていくと考えられていました(官職カリスマ)。これが法的に整備され、「至高権」となっていったのです。公会議主義者は、教会内の至高権はその基礎として、信仰者の全体の団体の中に存在していると主張しました。他方教皇主義者は、教皇の至高権は信仰者の団体とは関係なく、キリストから授与されたと主張してきました。

ここで重要な問題が出てきます。団体です。英語でいうコーポレーション、ラテン語でいうコルプス（corpus）。もう一つはコルプスではなくてウニヴェルシタスなのですが、これは大学の問題で、前にいいました。大学というのはユニヴァーシティといっているけれども、これはユニヴァーサルな宇宙大の問題、普遍的な問題を勉強するということではなくて、学者と学生との団体であるということをいいました。コルプスないしはウニヴェルシタス、これが団体。この団体というのは、たんにあなたが行っているクラブ活動とかの団体ではなくて、法概念なのです。つまり法団体なのです。中世はあらゆるレベルにおいて団体がありましたが、その団体は大なり小なり法概念でした。法的に正当性を認められなければ団体ではないのです。人々はすべて、いろいろな団体に属していることによって、その人間のアイデンティティが確認され、その人間の人格の尊厳が保障されるわけです。

たとえばパリ大学の神学部の教授だったら、パリ大学の神学部という法団体に属しているると同時に、自分があるパリ地区のある教会の聖職者であるならば、そのパリ地区の教会あるいはパリ司教区という法団体の有力メンバーの一人であるという形で、パリ司教区という法団体に属しているわけです。もしある人が貴族身分だったら、貴族という貴族身分の団体に属していて、貴族法によってコントロールされているわけです。ですから、中世の人間は、あらゆるレベル、あらゆるベクトル、あらゆる分野の団体に、大なり小なり属しているわけです。

中世は個人ではなく団体でものが考えられていた時代です。そうしますと、教会内の至高権は基礎として信仰者全体の中に存在し、そして実際に執行するにあたっては、その至高権は教皇の手中にあるという、そういうような中庸のとれた主権理論が、公会議運動がおさまるにつれて出てきたのです。最初はひじょうにラディカルな、教皇なんかには至高権・主権はないという意見から、今度は信仰者全体を団体としてとらえて、その団体の代表としての教皇が実際執行するのだという中庸のとれた形に持っていったわけです。信仰者の全体を法団体としてとらえる発想が出てきたのです。そういう意味では公会議というのは、至高権に関して、教会全体を代表すると。代表してはいるのだが、公会議はその至高権を実行するにあたっては、ローマ教皇に付託すると、そういう法理論にしていきます。これは近代の憲法秩序の中での論理に似ています。似ているのは当然のことなので、近代国家の憲法秩序理論というのは、この公会議運動の中での教会理論――教会内的憲法理論――を借用してきて理論展開しています。ティアニーの『立憲思想』の中で明らかにされています。

いまいっていることは、世俗政治でいうと、"King in Parliament"のことです。議会の中における王、法団体としての議会と合体した王がイングランドの主権者であって、最高の権力をふるうことができるのだけれども、議会から離れてしまったキングというのは、たんなる国民の一人でしかないということになります。それと同時に、キングなき議会も、実行者がいないという意味においては、政治的に無能な存在になってしまいます。ですから、"King in Parliament"というのが近代の立憲王政のテーゼなわけですけれども、これは一六八八年の名誉革命以降つくられた、政治的に工夫された理論と制度です。これはそれ以前に公会議運動でつくられた教会問題解決のための理論と制度が世俗政治に転換されたものなのです。

ただし、現実には公会議運動というのは、教皇並立の問題が解決され、教会改革の情熱が醒めると同時に、やはりローマ教皇に権力が移ってしまいます。ですから教会改革というのは、教皇をぬきにしては現実にはありえないことになるのですが、教皇自身に改革の意図がなければ教会改革はありえない。そうすると十四世紀の終わりから十五世紀の初めにかけて起こった公会議運動のいくつかのねらいの一つが教会改革だったのですけれども、結果としてはフスのような人、あるいはイングランドのウィクリフのような人、ウィクリフはもうその当時死んでいますから、死んだ人の名誉を剝奪するとか、生きているフスを焼き殺してしまうわけです。

そうするとそのままルネサンスを経過して、ローマ教会はおちるところにおちていって、一五一七年のマルティン・ルターの九十五カ条のアピールを迎えるわけです。制度が大きいと、改革の動きに対しても鈍感になってしまいます。そしてこの公会議運動がそもそも出てくるということが、前述の「教会は一つ、信仰は一つ、頭は一つ」というこのレスプブリカ・クリスティアーナの理念を体制面から客観的な現象として否定することだったわけです。このような意味で中世の終わりが始まりつつあるのが、まず公会議運動でした。

公会議運動が不発弾として終わってしまうと、あと約百年間、ルターが出てくるまで教会改革はなかった、キリスト教改革はなかったということになります。その間十五世紀のルネサンスという、人間の美の観点からはひじょうにおもしろい現象が起きてきます。

（4）　思想の構造化

ここで私が一ついっておきたいのは、ヨーロッパにあって日本にないものなのですが、それは思想と思想の対決です。ある思想とその反対思想とが対決する。そしてその対決も、自分の思想を可能な限り論理的に整序し、そして体系的に構築して、説得力のあるものにして対決します。このような形で思想と思想が対決すると、思想の原理と理論が蓄積されていくわけです。こういう理論・原理がある人から出され、その原理を中核として、養殖真珠のように理論が構築されていく。そうすると、その理論が発展するところまで、究極のところまで発展する、そしてそれが理論として完成される。もう一つ別の問題に対するには別の原理が提示されて、その原理のもとに理論が構築されていく。いくつかこのように構築されていきます。

理論が蓄積されるということは、歴史の中で構造化されるということです。人間の精神構造がそういう形で蓄積・構造化されていくわけです。そしてAという人が構築した理論をBという人に伝達する。次にCという人がそれを受容して自分の思想の中に取り込んでいくという形で後代に渡されていきます。つまり、思想的伝統が形成されるのです。そういう状態が行われていて、新しい事態が出てきたときに、「その問題に関しては昔のあの理論が適応できて、こういうふうに解決できる」というふうに問題に取り組むのです。

ところが日本にはこれがありません。あるときパァーッと出てきて、ワーッと騒いで、その問題が解決されたらそれでおしまい、忘れ去られるのみ。また同種の問題が出てきても、またあらたにゼロから……ということで、思想が構造化されていないため、思考の浪費が行われています。ヨーロッパではそうではありません。いまいった十四世紀から十五世紀のこの問題を解決するために、古代の公会議の命題を当時の人が一所懸命、歴史的事実を探してきて、それを検討するのです。それで、あのときの問題のあのときの解決の仕方は、この現在の自分たちの問題にどのように応用できるかということを一所懸命考えるわけです。そこには思想の継続的発展があるのです。そして同時に、そこには新しい思想の創造と展開があるのです。

これがたんにキリスト教の思想の世界だけではなくて、世俗の政治の問題にもいえるのです。政治思想が、古代・中世・近代を通じて不連続の連続という形で連続しています。ですから思想の強さというのが、がっちりとあるわけです。自分の立場の正当性を主張するのも、特定の既存の権威に寄り添った形で正当性を主張するのではなく、思想自体に根拠をおいた思想的原理を体系的に展開させた正当性の主張なのです。そのときの権力者に寄り添った形での正当性のヤドカリ的主張ではないのです。これをいわゆる権威主義といいます。ヨーロッパでも権威主義はもちろんありますが、それにもかかわらず、思想の権威自体が自己展開して、思想が成長してきて、ひじょうに豊かな精神世界ができています。

これにはキリスト教がひじょうに大きな役割を果たしていますが、キリスト教でもギリシア哲学を真っ正面からとらえたヨーロッパのラテン・キリスト教がその種の歴史的役割を果たしたのです。ラテン・キリスト教はギリシア哲学に真っ正面から取り組んで、そして苦闘して、いろいろと過ちを繰り返しながらも、こういう合理的な思想展開をしてきました。と同時に、ギリシア哲学も、キリスト教との対決のもとに、哲学の理論をひじょうに洗練された強いものにしてきました。キリスト教も哲学という思想的挑戦者があるから、いつも自分を合理的に、たんなる神秘宗教として密教化するようなことをしないわけです。ですから神学ができたわけです。その神学もいったん成立すると、自己展開してきて強固な理論展開をしてくる、ということになります。

ヨーロッパ中世では、ローマ教会とドイツ帝国という二つの権威が相争う場合に、当然のことながら自己の正当性を主張するわけです。日本では正当性を主張する権威は天皇制一つしかなかったのです。ところがヨーロッパには二つありました。二つの相異なる権威がそれぞれ自己の正当性を主張するから、そこに理論対決・思想対決が行われて、思想的原理と理論が蓄積され、それが歴史の中で構造化され、構造化されているので人々はいついかなる時に新しい事態が生じても、その構造化された中から、昔からの理論を引き出し、新しい状態に適用させるために工夫して、思想体系を、思想構造を豊かにしてきたのです。

ですから政治権力の正当性、宗教権威の正当性も、そういう形で証明されるか、否定されるか、というような形でできてくるわけです。とにかくある時期の政治権力が消え去ったとしても、その権力を支えた政治思想の伝統は残るわけです。さらにその思想の伝統に裏打ちされた新しい政治権力が発生します。人民主権、デモクラシーです。またそれも理論化されていきます。その構造化された歴史の中に、正当化する理論はあるわけです。

われわれがヨーロッパから学ぶことはまだいろいろあると思います。たとえば、歴史意識、時間意識の問題、連続と非連続――非連続の中に連続があるという問題――は、われわれ日本人が、ヨーロッパから学ぶべき多くのもののうちの一つではないかと、私は思います。

2 教会の政治化

「中世の終わりの始まり」について、前節は公会議運動について話しました。この節では、ローマ教会の政治化について述べます。これは言葉をかえていうと、ローマ教皇が世俗君主と同じ君主（monarchs）になったということです。いわゆる、教皇君主制（Papal Monarchy）です。それはまた最高の宗教的権威者である教皇が世俗の君主になるのと同じ意味において、位階はちょっと下っても、枢機卿とか大司教たちがそのへんの封建大君主・封建大領主と同じ状況にはまりこんでいくということです。レベルが下がっていくと、徐々に徐々にローマ教会の聖職者は、世俗の社会の人間とまったく同じ政治の論理に組み込まれてしまい、まったく同じ政治の論理を駆使するということになってきてしまいます。その結果、宗教的に堕落していきます。

この問題は、結局、中世の終わりが始まりつつあるということです。

最終的にこれの行き着くさきは宗教改革で、世俗君主と、世俗の論理と同じものが働く教会というものを拒否して、もう一度古代の教会のあり方に戻ろうというのが、リフォーメイション（Reformation 宗教改革）です。リフォーメイションの re-form というのは、昔形成された form、教会の形、これに re をつけて、再び戻る、帰り着くということです。宗教改革は、結果としては新しいものをつくったのですが、運動としては、現実の中世カトリック教会がまったく世俗化してきた、そういうことへの反動として、この世俗化した教会をもう一度純粋の宗教団体にしようという運動です。

（1） 教皇君主制の展開

教会の政治化が、本節のテーマです。これはいまいったように、教会内に世俗政治の論理が侵入してきたということ。教皇をはじめとする聖職者が、生活の原点を宗教と離れたところに置くと、そういう結果をきたすわけです。上はローマ教皇から、下は村の司祭まで、生活の原点――自分がその職務を遂行するという原点――が、宗教教義のスタンスを離れて、政治の論理、政治の視点で動くということです。中世末期、ルネサンス期あたりに、聖職者でラテン語の字も読めない聖職者、それからローマ・カトリック教会の儀式、典礼をとりしきることのできない聖職者がたくさんいました。これは結局、聖職者を任命するさいに、資格のない、宗教的に能力のない人を勝手気儘に、任命してしまったからそういうことになったのです。そうすると、そういうことが習い性になって、一般化されて、人々もしょせんそんなもんだと思い込んでしまう。そういうように思い込むこと自体が、一般信徒の宗教的熱心さ、純粋さが喪失されている証拠なのです。宗教的堕落という一言につきます。

問題は、こういう中世末期、ルネサンスの時代の、つまり十五世紀半ばから十六世紀初頭にかけてのローマ・カトリック教会の堕落——聖職者の堕落、生活の堕落、信仰のあり方の堕落——が、なぜ、どういう原因のもとに出てきたかということです。その反動として宗教改革が起きて、中世社会が終わるわけですけれども……。なぜそれが起きたかということ、これはいろいろと、古代から続いていたキリスト教信仰の倫理的弛緩が起きたからだとか、さまざまな条件がいわれるのですけれども、必ずしもそういうことが主要な原因ではなくて、やはり七十年余にわたるアヴィニョン捕囚が遠因の一つといえるでしょう。

アヴィニョンというフランス王国内の場所にローマ教皇庁が移されて、そのあとローマに戻ってきて、教皇が二人になったり、三人になったり、ということで公会議運動が始まったわけです。その状況を経て、まがりなりにもローマの教皇庁が独り立ちしてくると、過去の約百年を反省してみて、ローマ教皇庁が真の自由と独立を回復するためにはどうしたらいいかということが問題になります。

この問題に対する答えは、ひじょうに堅固な政治的・財政的基盤を教皇庁が持つこと、これが第一。第二に、実体をともなう独立した領土を保有すること。この二つのことが不可欠だということが、教皇庁アヴィニョン捕囚の歴史的教訓なのです。その二点を達成するために、教皇庁が率先してローマ教会そのものを、巨大化してきたフランス封建王制、スペイン封建王制、イングランド封建王制に対抗できるような政治力・経済力を持つものに変えていかなくてはなりません。つまりそれは言葉をかえていえば、ローマ教会の政治化に他ならないのです。

後代からいって、政治理論の観点から見て、ローマ教皇庁にとって執るべき手段としてはこれしかない、ということがわれわれは理論としてわかるわけです。教皇庁の人たちがアヴィニョンからローマに戻ってきて、目のあたりにした現実というのは、惨めなものでした。その解決策はいまいったこと、政治的・財政的にきっちりとした基盤を持つべきだということです。あるいは古代から中世にかけて確立した教皇領が虫くい状態になっているのを、きちんともう一度教皇庁の土地財産に回復させること、この二つのことです。

このような教皇庁が目のあたりにした現実に対する対策としては、教皇庁、ローマ教皇が独自の領土を持つ世俗の君主国としての政治機構をそなえる必要があるということです。ローマ市内とか、かつての教皇領から封建勢力を駆除するなり管理するのに何が必要かというと、権力統治機構が必要です。出ていこうとしない理不尽な輩を物理的力で排除する軍事力も必要です。みずからが武人であるローマ教皇もいたのです。教皇が陣頭指揮して、大小さまざまな居座っている勢力を物理的に排除しました。

それはさきほどいったように、教皇庁やローマ教会そのものが、独自の領土を持つ世俗の君主国になることであり、そのために君主国としての政治機構を備える必要があるということです。財政制度の整備と官僚制度の拡大です。それから軍事勢力の育成、これは傭兵をやとい入れるということです。しかしそういうものを整備した結果としてどういうことになったかというと、ローマ教会はみずからを政治勢力として、イタリアそして西ヨーロッパの政治的環境の中におくことになります。

中世盛期とそれ以前ですと、ローマ教皇は政治には直接・間接にタッチはしていたけれど、みずからが政治的君主になることはありませんでした。最高の宗教的権威ということで十分だったわけです。ローマ教皇が宗教的最高権威者。そしてローマ教会の聖職者、サケルドティウムそのものが宗教権威として、現実の政治問題に理論的に介入するだけで十分であり、教皇みずから政治勢力になる必要はなかったのです。

ところがアヴィニョンから帰ってきたローマ教皇庁は、政治勢力であらねば、自分固有の行動はできないと考えました。事実そうであり、その考えはまちがってはいなかったのです。現実認識としてまちがいではなかったと思います。なぜならヨーロッパ中世——まがりなりにもこの時代はまだ中世ですから——は、政治と宗教が区別はされていても未分離の状態でした。そういう状況の中で、宗教的権威を人々が尊敬しないようになると、ことに拡大してきた封建王制の長、封建王が、ローマ教会の宗教的権威を軽視するようになると、もはやローマ教皇の地位は、フランス王の飼い犬と同じことになります。アヴィニョンのときはそうでした。

そういう意味で、ローマ教会の最高権威を認めない不逞の輩が出てきたあとでは、自分たちの存在をヨーロッパの中で認めさせるためには、失墜しつつある宗教権威を維持しつつ、その宗教権威を認めない世俗の権力に対抗する世俗の権力をみずからが持たなければならないとローマ教皇庁は考えました。そういう判断は政治の論理に即するならば正しいと思います。しかし、信仰の論理から考えるならば、正しくありません。それは、その後の歴史の事実が証明しています。

当時のイタリアの政治状況、すなわちアヴィニョン時代が終わって、公会議時代を経て、十六世紀の初頭はどういうものだったのでしょうか。十六世紀初頭までのイタリアの政治状況はどうかというと、国家統一を完了して、外に勢力を拡大しようとしたフランス王国とスペイン王国の両勢力が激突する場所でした。あるいは別の観点から見ると、イタリア内の中小国が激しい盛衰を繰り返してきた状況でした。この状況下で政治勢力としての教会が生き残るためには、みずからも強くなり、権謀術数を繰り返す必要がありました。政治勢力としてのローマ教皇は、みずから政治的状況の中に一つの政治勢力として身をおいているわけですから、政治的にも強くならなくてはいけないし、強くなったあかつきには、あらゆる形で権謀術数を繰り返す必要があったわけです。

しかしそれにもかかわらず、一つの国家を建設しようと努力している教皇庁にとって、国家建設に必要なひじょうに重要なものがありますが、その一つが欠けているのです。それは権力の継続と統合ということです。これは具体的にいうと、ローマ・カトリック教会が持っているさまざまな権力——宗教的権威、それから教会法に基づいた正規の権力執行と同時に軍事力——がばらばらにあってはだめなわけです。そのばらばらにあるものを一つのところに統合して、一つの勢力として外敵に立ち向かうということが必要なのです。世俗の君主の国々においては、君主の血統によって主権者が継続していたわけです。君主の血統による主権の継続性、これがローマ教皇庁には欠けていました。あるいは言葉をかえていうと、主権国家においては王制という形で権力者が統治の継続性を発揮できました。これがローマ教会には欠けているのです。

なぜなら西ヨーロッパ最高の宗教権威であるローマ教皇は、たしかに最高権威ではありますが、選挙で選ばれた存在です。枢機卿団が選びました。ローマ教皇はこの選挙で選ばれる存在であって、世襲制ではないわけです。しかも選ばれた人はたいていが老齢なものですから、就任しても在位期間がひじょうに短いわけです。

こういう状況を政治学的に吟味してみると、教皇の選挙母体である枢機卿団は、教皇勢力が伸展することは自分たちの勢力の維持にじゃまになるので、教皇が勢力を伸ばすのを、団体としてつねに制約してきました。あるいはまた教皇自身の在位期間が短いということは、当然のことながら権力統治の期間が短いということで、政策遂行の集中と継続がないということです。政策の実効があがらないということです。政治学的にはひじょうに明快・単純です。もっとも、ローマ教皇制が世襲ではないということが、じつをいうと、まがりなりにもローマ教会が徹底的に腐敗しなかった原因なわけです。しかし人間の組織というのは、ある次元においては長所なものが、別の次元においては欠点になる、マイナスになるということはよくあります。

枢機卿の人たちが一種独特の人間的魅力と、能力と、端倪すべからざるリーダーシップを持っているような人を教皇に選ぶと、その教皇が返す刀を枢機卿団に振りおろしてくる危険性が十分にあるわけです。ですから枢機卿団のあやつり人形的な人間をローマ教皇に選ぶわけです。ローマ教皇に選任された人というのは、どうしても、しょせんはそういうふうに選ばれるという意味においては、政治的に人気があるか、人間的に人気があるか、政治的・人間的に無難な存在を選びますから、そうするとまずいえることは、ローマ教皇に選ばれた人は、その当時の最も優れた宗教的代表者、信仰的代表者が選ばれたわけではないということです。とんでもない人間が選ばれるということもあるわけです。

しかしローマ教会が幸福だったのは、十世紀後半から十一世紀とか、十二世紀から十三世紀の重要な節目のときに、グレゴリウス七世とかインノケンティウス三世のようなひじょうに優れた人が選ばれて教会の発展に貢献しました。しかし彼らが教皇に選ばれたのは、彼らの信仰が当代一流の深い清らかな信仰であったためではありません。適当に信仰はあるけれども、また適当に政治力もあるという人物でした。とにかくそれがローマ教会の伸展に役立つ功績を果たしました。あにはからんや、人材が欠乏してくると、ろくでもない人間が選ばれます。ルネサンス以降はどうにも仕様がない人たちが次々に選ばれてきます。

ローマ教皇は枢機卿団によって選挙されたわけですけれども、枢機卿一人ひとりを選任する権利を持っていたのはローマ教皇なのです。ですからローマ教皇の権力的立場を高めなくてはならぬと自覚したローマ教皇は、枢機卿の欠員が出てくると、自分の息のかかった人間、自分のいうことをきく人間、あるいは自分に反抗する勇気も見識もない人間を枢機卿に任命していきます。言葉をかえていうと、ローマ教皇に忠実な者を枢機卿に任命したということです。つまりこれも理論的に分析すれば、ローマ教皇は枢機卿を選ぶさいに、宗教の論理から選ぶのではなく、政治の論理から選んだということです。とくにルネサンス期の教皇は極端な親族登用（それをネポティズム〔Nepotism〕といいます）を行いました。

この親族登用は、ローマ教皇が自分の政治的立場を補強する官僚を育成するには、信頼できる弟や親戚（甥とか、自分の甥の子どもとか、姪の子どもとか）に頼るしか方法がなかった、そういう形で親族や親戚を登用するということです。これはいうなれば、ローマ教皇においては世襲権力制というものが不可能なために、権力の空白を埋めるためには、このようなネポティズムを濫用するしか方法がなかった、あるいは枢機卿団の抵抗をかわすためには、ネポティズムに基づいてローマ教皇のまわりを親族でかためるしか方法がなかったわけです。そういう者を枢機卿に任命したり、枢機卿ではなくとも重要な聖職者の役職に任命したりしました。

問題は、それが教皇だけのことではない、ということです。教皇がそのようなことをするというのは、高位聖職者が、大司教が自分の司教区において、司教区の中の重要な役職を、信仰の論理からではなく、司教区内の統治の論理から適当な人物に与えることが一般化するようになったのです。ローマ教会を担う人々のモラル（道徳）とモラール（士気）が低下・衰退するのは、火を見るより明らかです。

社会のある時代が一つ終わりはじめていくと、社会のすべての機能と分野に人材がうまく補充供給されなくなるのです。その結果、社会全体のメカニズムが円滑に動かなくなるので、その社会全体があるとき、何かのきっかけで、がたがたと崩れて、ホッブズのいう自然状態―戦争状態がしばらく続きます。それから再び秩序づけが起きて、新しいパラダイムに基づいた、あるいは新しい社会観に基づいた社会が形成されるという歴史的運びになるのです。つまりまさにいま私が述べている時代というのは、そういう時代なのです。社会の転換期、すなわち一つの時代の終わりの時期というのはそういうことです。

十五世紀、十六世紀の社会というものは、現実に富み、栄えました。富み栄えた一つの国家になったローマ教皇庁は、じつはイタリア・ルネサンスの担い手の一つになるのです。それはローマが文化と芸術のみならず、政治の中心になったからです。

文化的には、イタリア・ルネサンスというひじょうにすばらしい洗練された文化が栄えてきたのですが、これは言葉をかえていうと、宗教的には、教会内における政治の論理の徹底化ということなのです。本来あってはならないことですけれども、教会の中に政治の論理が徹底化されてきたということの結果として、ひじょうに富み栄えた国家ができたということなのです。

これはどういう結果になるかというと、さきにいったように、教会内の上から下にいたるまでの聖職者の堕落となってきます。上から下までの堕落ということでは、教会は構造的に腐敗しているので、体制内的改革というのではもはや間に合わない状態になっているわけです。そういう意味で、われわれは現在の視点で中世・ルネサンス時代を見てみますと、ああいう状況になると、宗教改革に至る道がおのずからできている、というように歴史を見ることができるわけです。

(2) 宗教改革への助走

ではなぜ宗教改革がルターのドイツであって、フランスではなかったか、イングランドではなかったか、ということです。宗教改革で、ドイツのルターがやったような宗教的に迫力のある改革運動が、他国では欠けていたから宗教改革がなかったんだ、というふうに説明をしないほうが、歴史としては正確です。宗教改革という一つの革命が起こるには、エリートとしての知識人、ルター一人が叫んだとしても、民衆がそれを支持し、遂行しないかぎり、たんなる蟷螂《とうろう》の斧みたいなものです。それは巨人に向かってつきすすむ小人の針の剣みたいなもので、チクッと刺すかもしれないけれども致命傷は与えられないのです。民衆の共鳴盤がないと、宗教的エリートの宗教改革ののろしも、燃え広がらないのです。ではなぜドイツで民衆がルターの共鳴盤となって宗教改革が起きたのでしょうか。

問題は、ローマ教皇庁の聖職禄の与え方、あるいは教会領・司教領のあり方において、ドイツが特殊だったのです。つまりかつて中世において、ローマ教会の土地財産であったものは、勃興しつつあったフランス王家とかイングランド王家などが、かなりの程度自分のものにしてしまいました。直接的に自分のものにしたり、間接的には自分のコントロールをきかせて、聖職禄をローマ教皇と聖職者が受け渡しするのなら、中間のマージンをとるとか、税金をとるというような形でやってきたわけです。聖職者にも課税するという形で、封建王制が力を伸ばしていました。世俗君主の力が強かったフランスやイングランドでは、それほどローマ教会の力が及ばず、ローマ教会による搾取もドイツほどには行われませんでした。

ドイツでは、フランスとかイングランド、スペインのように、国を統合するだけの強い政治権力はありませんでした。皇帝制はありますが、たんなる選挙制による皇帝制です。各地の封建領主・領邦君主ランデス・ヘル（Landes=herr 封建制度に基づく領地とその支配者）が群雄割拠していて、それなりの小さな単位で統治機構を保っていました。そういうところでは、ローマ教皇庁が合法的に手を伸ばすさいに、それを物理的に排除するだけの力がないのです。フランスやイングランドにはありました。ですから、ドイツにおいてローマ教皇庁は、自分の触手をはねのける中央権力がないから、またあっても弱いから、かなりの程度の土地を教皇庁直轄、ないしは各地の司教の領地にしてしまいました。

ルターが激しく毒づいています、「ドイツ人のお金は、すべて——けっしてすべてではなく、これはレトリックですが——ローマに流れていってしまう」と。ローマというのはお金の底無し沼だと毒づいています。人々の魂を救わないで、そんなことばっかりしている、と。確かにそんな面もあるわけです。とにかくドイツのような国内を統合する政治権力の弱いところにローマ教皇庁の手が伸びてきて、民衆を搾取するわけです。ですからフランスやイングランドとは比較にならないくらい、ローマ教皇庁に対する怨嗟の声、恨みの声は強く、激しく、深かったのです。

そのような歴史的状況の中でルターが政治とはまったく別種の宗教の問題として、教義の問題として、信仰の問題として、九十五カ条の、今様にいうと立て看板を書いたのです。ところがローマでは、ルターのつきつけた九十五カ条が、信仰の問題として、深刻な問題を含んでいるということに気づいている人は、誰もいませんでした。

じつをいうと、そういうことをしたルター自身が、やがて宗教改革として、後にあいうようにローマから分裂するという大事件の発端に自分がなっているなど、その時は思いもしません。たんに熱心な信仰心を持った神学者としてのルターが、神学的な問題として提示したのです。そうしたら、その純粋な問題提起が、じつをいうと、民衆のローマに対する政治的ともなんともいいがたい恨みの気持ちと合体したわけです。ルターも民衆もそんなことを考えもしませんでしたが、二つが結合して、革命の起爆剤に火がついたわけです。そのあとは、あれよあれよという間に、燎原の火のごとくに広まったわけです。

ルターと同時発生かちょっと遅れて、フランスでもユマニスムの観点から、聖書を原典で読みつつ、現在の教会のあり方はおかしい、現在の信仰のあり方、教会の民衆に対する信仰の説き方はおかしい、と主張してきた一群の人々がいました。その中の一人であったカルヴァンが、ジュネーヴを拠点として宗教改革の流れを強めたことは周知のことです。

ところがルターが火をつけて、改革の気運は歴史の流れの中で、いままで水がただようだけで方向性がなかったところへ、方向性がつけられてきたので、どっと改革の方向へ流れていったということです。あるいは言葉をかえていえば、藁の乾燥した束があって、その中に、ルターがほんのひとかけらの火種を落とした、それだけでぼっと燃え広がったということができます。燎原の火が燃え広がっていくということです。

ところで宗教改革について一部で誤解がありますので、ご注意いただきたいのです。ルターの宗教改革の主張に歓迎の意を示した一般の人々は、中世ローマ・カトリック教会の教会法に基づく拘束を嫌って、ルターの解放路線に賛成したのだというふうに誤解する人がいます。しかしルターの唱えていることは、解放路線ではありません。ローマ教会の要求する信仰的、道徳的水準より厳しいものでした。

ルターの宗教改革に共鳴した一般の人々は、中世カトリック教会が厳しい戒律を押しつけてきたのでそれを迷惑だといっていやがったのではありません。その逆です。

彼らはローマをはじめとする既存の教会のシステムがでたらめで、聖職者たちが説いている信仰も、もはや無茶苦茶で不純、だから自分たちはこういうものでは困る。まがりなりにもキリスト教の世界に住んでいるならば、純粋な信仰のもとに、でたらめになっていた自分たちの生活をより清潔にしたい、より純粋な信仰に基づいて再秩序づけをしたいという願望をいだいたのです。

ローマ・カトリック教会が説く教義によれば、人々がローマ教会の制度の枠内にいて、教会が命ずる倫理を達成すれば罪から救われる、というのです。手続きをふんで、その手続きが教会法に基づいた合法的なものであるならば、罪から救われ、永遠の生命が与えられる、といっているわけです。

ところがルターはそうではありません。人間の良心を問題としているから、一人ひとりが自覚して神の前に立って、自分の罪というものを自覚して悔い改め、それと同時に、救いは神から一方的に恵みとして人間に与えられる、といっているのです。つまり、そのような神を信ずることによってのみ救われるというのです。ルターのほうが厳しいのです。その厳しいルターのほうを人々は歓迎しました。ローマ教会の堕落した状況を放棄して、ルターのほうに方向転換したのです。けっしてローマ教会の厳しさをいやがって、ローマに反抗したというのではない、ということです。

宗教改革以降、中世キリスト教世界の基本原理である「信仰は一つ、教会は一つ、頭は一つ」がすべて壊れてくるわけです。教会も複数、頭も複数、信仰も複数ということになったわけです。ですから中世という世界は宗教改革が達成されたときが終わりなのです。

中世社会がここでおしまいになったときに初めて現われた歴史的事実として第一に、政治と宗教がきっぱりと区別されるようになった、そして分離されるようになったことです。

第二は、ヨーロッパ人が二千年のキリスト教の歴史の中で、もっとも熱心に信仰を求める時代（約百五十年間）が来たということです。カトリシズムは自分の教義的特徴を自覚する、プロテスタンティズムはプロテスタンティズムとして、キリスト教の解釈をカトリックとは違う形で解釈する、ということを自覚してきました。十六世紀と十七世紀はコンフェッショナリズムの時代（信仰告白の時代）と政治思想史上はいいます。人々は生きるうえで、他の何にもまして信仰が人生で追求すべき、第一にして最高の価値であると確信し行動した時代なのです。つまり、宗教の問題が、政治・

経済・社会の問題よりも重要だと人々が自覚して、宗教の問題で親は子どもを、子どもは親を、兄は弟を殺してもしかたがないというくらい激しく信仰に人々がつき動かされた時代、というのがコンフェッショナリズムの時代なのです。

そしてまた十六世紀には、新世界が発見されて、ラテン・アメリカの安い銀がヨーロッパに大量に入ってきて、それまでの中世の経済システムが大打撃を与えられて崩壊していく時代でした。ですから社会的・経済的なシステムの崩壊と、信仰パラダイムの崩壊が同時進行していた時代でした。換言すれば、時代状況が、社会的・経済的・政治的に転換期の真っ只中でした。

人々は自分たちの生きている政治的・経済的・社会的体制が徐々に崩れはじめていることに気づき、不安に陥っていました。そのようなときに、心のよすがとなるべき宗教体制も、あちこちでほころびが目立つようになり、不安は増幅していくばかりです。この状況の中でルターは、宗教改革を始めました。民衆がルターに傾倒していくのも無理からぬことと、われわれには考えられます。

私は、政治学的に問題をとらえて解明しているわけですけれども、私がいいたいことは、教義がいかに優れていても、それだけでは宗教改革は起こらないということ、あるいは逆に、宗教改革が起きるような状況が成立していても、教義として優れたものが提出されないと、宗教改革は起こらないということです。両者二つが、まったく無関係な二つが同時に出現したときに、宗教改革は成功したということです。それが十六世紀の初頭だったのです。この十六世紀の初頭で、コスモロジーとしての、そして社会体制としてのレスプブリカ・クリスティアーナが最終的に終わりました。それが終わったのが、中世の終わりであります。

しかしそれにもかかわらず、近代的なるものが成立・発展してくるには、まだまだ間があって、一五一七年以降約百年ぐらい、ヨーロッパの人々は精神史的には動揺するのですけれども、まだ近代的なるものは生まれません。近代的なるものがきっぱりと生まれてきたのは、思想史においてはスピノザだと私は思います。そしてまだスピノザの時代までには間があるわけです。

中世は宗教改革で終わったのです。ここに体制と制度によって「普遍」を現実世界の中で担保する時代は終わりました。これ以降は個々人の人格、ことに内面に実在する良心によって「普遍」を担保する時代に入っていくのです。

参考文献

マルセル・パコー『テオクラシー——中世の教会と権力』坂口昂一・鷲見誠一訳、創文社、一九八五年。

クリストファー・ブルック『中世社会の構造』松田隆美訳、法政大学出版局、一九九〇年。

エルンスト・H・カントーロヴィッチ『王の二つの身体』小林公訳、平凡社、一九九二年、ちくま学芸文庫（上・下）、二〇〇三年。

——、『祖国のために死ぬこと』甚野尚志訳、みすず書房、一九九三年。

坂口昂吉『中世キリスト教文化紀行——ヨーロッパ文化の源流をもとめて』南窓社、一九九五年。

序章

森有正『バビロンの流れのほとりにて』森有正全集第一巻、筑摩書房、一九七八年。

大塚久雄『近代化の人間的基礎』大塚久雄著作集第八巻、岩波書店、一九六九年。

蓮實重彦・山内昌之編『文明の衝突か、共存か』（殊に第Ⅱ部）東京大学出版会、UP選書、一九九五年。

第Ⅰ章

アンリ・ピレンヌ『ヨーロッパ世界の誕生』増田四郎監修、中村宏・佐々木克巳訳、創文社、一九六〇年、講談社学術文庫、二〇二〇年。

――、『ヨーロッパの歴史』佐々木克巳訳、創文社、一九九一年。

クリストファー・ドーソン『中世ヨーロッパ文化史』野口洋二・諏訪幸男訳、創文社、一九九三年。

マックス・ウェーバー『支配の社会学』（1）（2）、世良晃志郎訳、創文社、一九六〇、一九六二年。

ヨゼフ・ロルツ『教会史』神山四郎訳、ドン・ボスコ社、一九五六年。

宮田光雄「国家と宗教」『思想』八一〇号、八三六号、八三七号、八三九号、八四一号、一九九一年一二月、一九九四年二・三・五・七月。

柴田平三郎『アウグスティヌスの政治思想』未來社、一九八五年。

第Ⅱ章

野口洋二『グレゴリウス改革の研究』創文社、一九七八年。

オーギュスタン・フリシュ『叙任権闘争』野口洋二訳、創文社、一九七二年、ちくま学芸文庫、二〇二〇年。

アンリ・ピレンヌ『中世都市』佐々木克巳訳、創文社、一九七〇年、講談社学術文庫、二〇一八年。

エーディト・エネン『ヨーロッパの中世都市』佐々木克巳訳、岩波書店、一九八七年。

増田四郎『西歐市民意識の形成』春秋社、一九四九年。

――、『都市』筑摩書房、一九六八年。

――、『ヨーロッパ中世の社会史』岩波セミナーブックス、岩波書店、一九八五年。

橡川一朗『ドイツの都市と農村』吉川弘文館、一九八九年。

マルティン・グラープマン『聖トマス・アクィナス——その生涯及び思想』高桑純夫訳、長崎書店、一九三四年。

フレデリック・コプルストン『トマス・アクィナス』稲垣良典訳、未來社、一九六二年。

——、『中世哲学史』箕輪秀二・柏木英彦訳、創文社、一九七〇年。

——、『中世の哲学』箕輪秀二・柏木英彦訳、慶應通信、一九六八年。

稲垣良典『トマス・アクィナス』人類の知的遺産20、講談社、一九七九年。

——、『トマス・アクィナス』思想学説全書、勁草書房、一九七九年。

——、『トマス・アクィナスの共通善思想』有斐閣、一九六一年。

印具徹『トマス・アクイナス』人と思想シリーズ、日本基督教団出版部、一九六二年。

トーマス・アクィナス『法について』稲垣良典訳、有斐閣、一九五八年。

堀米庸三『ヨーロッパ中世世界の構造』岩波書店、一九七六年。

樺山紘一『ゴシック世界の思想像』岩波書店、一九七六年。

阿部謹也『ヨーロッパ中世の宇宙観』講談社学術文庫、一九九一年。

第Ⅲ章

世良晃志郎「中世法の理念と現実」岩波講座・世界歴史7・中世ヨーロッパ世界I、一九六九年。

フリッツ・ケルン『中世の法と国制』世良晃志郎訳、創文社、一九六八年。

アーロン・グレーヴィチ『中世文化のカテゴリー』川端香男里・栗原成郎訳、岩波書店、一九九二年。

ヘルムート・コーイング『近代法への歩み』久保正幡・村上淳一訳、東京大学出版会、一九六九年。

ジョセフ・ストレイヤー『近代国家の起源』鷲見誠一訳、岩波新書、一九七五年。

鷲見誠一「マルシリウス・パドゥアの国家観」『法学研究』第四二巻第四号（一九六九年）。

――、「マルシリウス・パドゥアの実定法理念」『法学研究』第四八巻第九号（一九七五年）。

第Ⅳ章

大塚久雄『歴史と現代』朝日選書、一九七九年。

堀米庸三『西洋中世世界の崩壊』岩波全書、一九五八年。

ブライアン・ティアニー『立憲思想』鷲見誠一訳、慶應通信、一九八六年。

フーベルト・イェディン『公会議史――ニカイアから第二ヴァティカンまで』梅津尚志・出崎澄男訳、南窓社、一九八六年。

矢吹久「公会議主義の展開――その政治思想史的考察」『慶應義塾大学大学院法学研究科論文集』第一九号（一九八三年）。

――、「ピエール・ダイイの統治論――公会議主義政治理論に関する考察」『法学研究』第六〇巻第六号（一九八七年）。

――、「立憲思想における連続性の問題」『法学研究』第六六巻第八号（一九九三年）。

――、「ネイション概念の形成と歴史的展開」『思想』七八八号（一九九〇年）。

――、「一四・五世紀フランスにおける王の権威とエトニー意識」『法学政治学論究』第一九号（一九九三年）。

デニス・ヘイ『イタリア・ルネサンスへの招待』鳥越輝昭・木宮直仁共訳、大修館、一九八九年。

エウジェーニオ・ガレン編『ルネサンス人』近藤恒一・高階秀爾他訳、岩波書店、一九九〇年。

K・ブールダッハ『宗教改革・ルネサンス・人文主義』坂口昻吉訳、歴史学叢書、創文社、一九七四年。

F・シャボー『ルネサンス・イタリアの〈国家〉・国家観』須藤祐孝編訳、無限社、一九九三年。

エルンスト・トレルチ『ルネサンスと宗教改革』内田芳明訳、岩波文庫、一九五九年。

P・O・クリステラー『ルネサンスの思想』渡辺守道訳、東京大学出版会、一九七七年。

――、『イタリア・ルネサンスの哲学者』佐藤三夫監訳、根占献一・伊藤博明・伊藤和行共訳、みすず書房、一九九三年。

ピーター・バーク『イタリア・ルネサンスの文化と社会』森田義之・柴野均訳、岩波書店、一九九二年。

佐々木毅『マキアヴェッリの政治思想』岩波書店、一九七〇年。

クェンティン・スキナー『マキアヴェッリ――自由の哲学者』塚田富治訳、未來社、一九九一年。

有賀弘『宗教改革とドイツ政治思想』東京大学出版会、一九六六年。

成瀬治『ルターと宗教改革』誠文堂新光社、一九八〇年。

宮田光雄『宗教改革の精神』創文社、一九八一年。

松浦純『十字架と薔薇——知られざるルター』岩波書店、一九九四年。

倉松功『ルター神学とその社会教説の基礎構造』創文社、一九七七年。

ベルント・メラー『帝国都市と宗教改革』森田安一・棟居洋・石引正志訳、教文館、一九九〇年。

ペーター・ブリックレ『ドイツの宗教改革』田中真造・増本浩子訳、教文館、一九九一年。

アブラハム・カイパー『カルヴィニズム』鈴木好行訳、聖山社、一九八八年。

J・D・ベノア『ジァン・カルヴァン——生涯・人・思想』森井真訳、日本基督教団出版部、一九五五年。

森井真『カルヴァン』世界思想家全書、牧書店、一九六四年。

渡辺信夫『カルヴァン』清水書院、一九六八年。

——、『神と魂と世界と——宗教改革小史』白水叢書、白水社、一九八〇年。

マックス・ヴェーバー『プロテスタンティズムの倫理と資本主義の精神』大塚久雄訳、岩波文庫、一九八八年。

あとがき

序章をお読みの方々にはお分かりいただけることですが、本書は、ヨーロッパ近代・現代の文化、あるいは近代日本の文化を知ろうとする人々に読んでいただきたいのです。なんとなれば、ヨーロッパ近代・現代の文化は九世紀から十五世紀の約七百年間の、いわゆる中世期に原型が形成されたからであり、近代日本の文化はヨーロッパ近代の文化を摂取して形成されたからです。

それでは、ヨーロッパ近代・現代の文化を知ろうとする者は、なにゆえその原型を知ることが必要なのでしょうか。それは、ヨーロッパ精神文化の基本的特徴に由るといえましょう。この基本的特徴とは、換言すればヨーロッパ人の思惟構造、ものの観方・考え方の中にあります。

彼らは、現実社会の出来事を本質的かつ全体的に把握するためには、ものごとを歴史的に観つつ理解しようとします。これには、キリスト教的な時間論が影響しています。それは循環的ではなく直線的です。それゆえ「現在」とは過去からつながってきた今なのです。周期を伴って昔あったことが今現在くりかえされているのではなく、一回的なのです。そして宇宙は、神による創造から終末に向かって時間と共に突き進んでおり（つまり宇宙にも歴史があり）、その中で人間社会も歴史として進行していると考えられています。現在と過去の連続性が強調されているのです。「現在あるもの」は「過去にあったもの」が集約的に体現されているとみなされています。現在あるものは、過去にあったものが現在に引き継がれてきたからこそ存在しているのです。すなわち、現在あるものの存在証明は過去にあるわけです。ですから、ヨーロッパでは歴史と伝統が尊重されるのです。

このように考えてきますと、ヨーロッパ近代・現代の文化を真に正しくかつ深く理解するためには、その原型を正しく知ることが必要といえましょう。明治以前の過去の文化とは断絶があると考える現代日本人には、想像できないような中世文化との強い結びつきが現代ヨーロッパ人にはあるのです。

本書は、著者が勤務する慶應義塾大学法学部で講じた「中世政治思想」（週一コマ・九十分の十五週分）の講義録を大幅に削除・修正したものです。自分自身の少年時代の知的環境から自然にヨーロッパ文化に強い興味を覚えてきましたが、大学一年生の入学時に波多野精一『西洋哲学史要』を読み、二年生で森有正『バビロンの流れのほとりにて』に出会って、自分の進むべき道は決定されたようです。以後は専門的研究対象はともかくとして、基本的に「ヨーロッパとは何か」「ヨーロッパ文化の本質とは何か」を問うてきました。

授業でも、その線に沿って講義してきたのですが、それにはもう一つ別の問題関心が働いています。というのは、日本が二十一世紀に向けて生きていくには国際的状況の中にみずからを置かざるをえないにもかかわらず、日本人の精神構造の中に国際感覚が無きに等しい現状に鑑み、ヨーロッパはなにゆえに国際的になりえたかを学生諸君に知っていただきたかったのです。

ヨーロッパは、十五世紀まではあらゆる点で他の文明圏に比べて、発展途上国でした。何がヨーロッパ文化をして国際的・世界的たらしめたのでしょうか。確かにヨーロッパは武器の優秀さで世界各地に進出・侵略することができました。これはヨーロッパ文化の歴史的汚点であり、厳しく批判されるべきではありますが、私が問題としたいのは、彼らが世界各地を植民地化し、そして二十世紀後半に撤退した後も、ナショナル・インタレストに基づいて世界政策を持ち続けていることなのです。自国の利益と名誉を世界全体とのかかわりの中で追求しようとするその精神的姿勢を問題にしたいのです。

これは、ヨーロッパ人が中世以来、ものを考える際には常に普遍的なるものを念頭に置いたからだと私は思います。彼らは、「自分がなに者であるか」「自分の存在と行動にはどのような正当性が有るのか」を問い続けざるをえなかったのが、中世の文化状況だったのです。それゆえ、「いつでも、どこでも、誰でも」心ある人々、心を開いて他者に耳を傾けようとする人々に対して、自己の存在証明と正当性を言葉によって訴えたのです。すなわち、ものごとを普遍的に言葉で表現（ロゴス化）するということです。そしてこの精神的営みは、当然、論理的首尾一貫性を目ざすことは明らかです。その結果、合理性が方法として必然的に獲得されるようになりました。

このようにヨーロッパ人は、自分の考えと行動の正しさ（と自分たちが考えているもの）を、普遍的に合理的に他者に訴えることを第一の自我としているのです。このような人々が国家を形成し、そして自国の利益と名誉を追求する国策を立てて実行に移そうとするならば、必然的に彼らは普遍的・合理的な主張をするでしょう。それは、世界全体を視野においた政策決定となります。彼らに、国際感覚があるというのはこのことなのです。日本人が彼らと対抗するためにも、そして日本が世界から考慮に値すると評価されるためにも、やはりみずからの心と身体と行いが普遍的吟味に耐えられるようにわれわれは努力しなければならないでしょう。日本は、いまだ欧米から学ぶべきことが多々あると謙虚に自省すべきではないでしょうか。

本書がこのような形で刊行の運びとなったのは、尊敬せる先輩・坂口昂吉慶應義塾大学教授の御勧奨と岸村正路南窓社社長の御賛同によるものです。心から感謝申し上げる次第であります。

一九九六年二月二十五日

鷲見　誠一

文庫版あとがき

本書は、元来の『ヨーロッパ文化の原型――政治思想の視点より』(南窓社、一九九六年)が筑摩書房の方々の目にとまり、文庫版として世に出されることになったものである。

これを機に再読してみて、私自身、中世スコラ神学・哲学の完成者であるトマス・アクィナスの政治思想に対して独立の項を設けて言及していなかった(当時の私の知識量ではできなかった)点に残念な想いをいだくのである。この点については今後の日本の研究者に期待したい。

読者におかれましては本書から、二十世紀中頃に生まれた(一九三九年)一人の日本人が日本の近代化をどのように観てきたか、そしてこの点と関連してヨーロッパ文化と文明をどのように観てきたかを感じとっていただきたいものです。

本書が日本におけるヨーロッパ政治思想の研究の進展に少しでも貢献するものであることを切に願っています。

二〇二四年五月三日

鷲見　誠一

本書は、一九九六年三月三十一日に南窓社より刊行された。
文庫化にあたっては、書名を変更し、本文内の誤りは適宜
訂正した。

大元帥 昭和天皇　山田朗
昭和天皇は、豊富な軍事知識と非凡な戦略・戦術眼の持ち主でもあった。軍事を統帥する大元帥としての積極的な戦争指導の実像を描く。（茶谷誠一）

江戸の坂 東京の坂（全）　横関英一
東京の坂道とその名前からは、江戸の暮らしや庶民の心が透かし見える。東京中の坂を渉猟し、元祖「坂道」本と謳われた幻の名著。（鈴木博之）

つくられた卑弥呼　義江明子
邪馬台国の卑弥呼は「神秘的な巫女」だった？ 明治以降に創られたイメージを覆し、古代の女性支配者たちを政治的実権を持つ王として位置づけなおす。

北一輝　渡辺京二
明治天皇制国家を批判し、のち二・二六事件に連座して刑死した日本最大の政治思想家北一輝の生涯。第33回毎日出版文化賞受賞の名著。（臼井隆一郎）

中世を旅する人びと　阿部謹也
西洋中世の庶民の社会史。旅籠が客に課す厳格なルールや、遍歴職人必須の身分証明のための暗号など、興味深い史実を紹介。（平野啓一郎）

中世の星の下で　阿部謹也
中世ヨーロッパの庶民の暮らしを具体的、克明に描き、その歓びと涙、人と人との絆、深層意識を解き明かした中世史研究の傑作。（網野善彦）

中世の窓から　阿部謹也
中世ヨーロッパに生じた産業革命にも比する大転換——。名もなき人びとの暮らしを丹念に辿り、その全体像を描き出す。大佛次郎賞受賞。（樺山紘一）

1492 西欧文明の世界支配　ジャック・アタリ　斎藤広信訳
1492年コロンブスが新大陸を発見したことで、アメリカをはじめ中国・イスラム等の独自文明は抹殺された。現代世界の来歴を解き明かす一冊。

憲法で読むアメリカ史（全）　阿川尚之
建国から南北戦争、大恐慌と二度の大戦をへて現代まで。アメリカの歴史は常に憲法を通じ形づくられてきた。この国の底力の源泉へと迫る壮大な通史！

専制国家史論 足立啓二

封建的な共同団体性を欠いた専制国家・中国。歴史的にこの国はいかなる展開を遂げてきたのか。中国の特質と世界の行方を縦横に考察した比類なき論考。

暗殺者教国 岩村忍

政治外交手段として暗殺をくり返したニザリ・イスマイリ教国。広大な領土を支配したこの国の奇怪な活動を支えた教義とは？　（鈴木規夫）

増補 魔女と聖女 池上俊一

魔女狩りの嵐が吹き荒れた中近世、美徳と超自然的力により崇められる聖女も急増する。女性嫌悪と礼賛の熱狂へ人々を駆りたてたものの正体に迫る。

ムッソリーニ ロマノ・ヴルピッタ

統一国家となって以来、イタリア人が経験した激動の歴史。その象徴ともいうべき指導者の実像とは。既成のイメージを刷新する画期的ムッソリーニ伝。

資本主義と奴隷制 エリック・ウィリアムズ　中山毅訳

産業革命は勤勉と禁欲と合理主義の精神などではなく、黒人奴隷の血と汗がもたらしたことを告発した歴史的名著。待望の文庫化。　（川北稔）

文天祥 梅原郁

モンゴル軍の入寇に対し敢然と挙兵した文天祥。宋王朝に忠義を捧げ、刑場に果てた生涯を、宋代史研究の泰斗が厚い実証とともに活写する。　（小島毅）

歴史学の擁護 リチャード・J・エヴァンズ　今関恒夫／林以知郎／與田純訳

ポストモダニズムにより歴史学はその基盤を揺るがされた。学問を擁護すべく著者は問題を再考し、論議を投げかける。原著新版の長いあとがきも訳出。

増補 中国「反日」の源流 岡本隆司

「愛国」が「反日」と結びつく中国。この心情は何に由来するのか。近代史の大家が20世紀の日中関係を解き、中国の論理を描き切る。　（五百旗頭薫）

中国の城郭都市 愛宕元

邯鄲古城、長安城、洛陽城、大都城など、中国の城郭都市の構造とその機能の変遷を、史料・考古資料をもとに紹介する類のない入門書。　（角道亮介）

共産主義黒書〈ソ連篇〉
ステファヌ・クルトワ／ニコラ・ヴェルト
外川継男訳
史上初の共産主義国家〈ソ連〉は、大量殺人・テロル・強制収容所を統治形態にまで高めた。レーニン以来行われてきた犯罪を赤裸々に暴いた衝撃の書。

共産主義黒書〈アジア篇〉
ステファヌ・クルトワ／ジャン＝ルイ・マルゴラン
高橋武智訳
アジアの共産主義国家は抑圧政策においてソ連以上の悲惨を生んだ。中国、北朝鮮、カンボジアなどでの実態は我々に歴史の重さを突き付けてやまない。

ヨーロッパの帝国主義
アルフレッド・W・クロスビー
佐々木昭夫訳
15世紀末の新大陸発見以降、ヨーロッパ人はなぜ次々と植民地を獲得できたのか。病気や動植物に着目して帝国主義の謎を解き明かす。（川北稔）

民のモラル
近藤和彦
統治者といえど時代の約束事に従わざるをえなかった18世紀イギリス。新聞記事や裁判記録、ホーガースの風刺画などから騒擾と制裁の歴史をひもとく。

台湾総督府
黄昭堂
清朝中国から台湾を割譲させた日本は、新たな統治機関として台北に台湾総督府を組織した。抵抗と抑圧と建設。植民地統治の実態を追う。（檜山幸夫）

新版 魔女狩りの社会史
ノーマン・コーン
山本通訳
「魔女の社会」は実在したのだろうか？ 資料を精確に読み解き、「魔女」にまつわる言説がどのように形成されたのかを明らかにする。（黒川正剛）

増補 大衆宣伝の神話
佐藤卓己
祝祭、漫画、シンボル、デモなど政治の視覚化は大衆の感情をどのように動員したか。ヒトラーが学んだプロパガンダを読み解く「メディア史」の出発点。

ユダヤ人の起源
シュロモー・サンド
高橋武智監訳
佐々木康之／木村高子訳
〈ユダヤ人〉はいかなる経緯をもって成立したのか。歴史記述の精緻な検証によって実像に迫り、そのアイデンティティを根本から問う画期的試論。

中国史談集
澤田瑞穂
皇帝、彫青、男色、刑罰、宗教結社など中国裏面史を彩った人物や事件を中国文学の碩学が独自の視点で解き明かす。怪力乱「神」をあえて語る！（堀誠）

ヨーロッパとイスラーム世界
R・W・サザン
鈴木利章訳
〈無知〉から〈洞察〉へ。キリスト教文明とイスラーム文明との関係を西洋中世にまで遡って考察し、読者に歴史的見通しを与える名講義。（山本芳久）

消費社会の誕生
ジョオン・サースク
三好洋子訳
グローバル経済は近世イギリスの新規起業が生み出した！　産業が多様化し雇用と消費が拡大する産業革命前夜を活写した名著を文庫化。（山本浩司）

図説　探検地図の歴史
R・A・スケルトン
増田義郎／信岡奈生訳
世界はいかに〈発見〉されていったか。人類の知が全地球を覆っていく地理的発見の歴史を、時代ごとの地図に沿って描き出す。貴重図版二〇〇点以上。

レストランの誕生
レベッカ・L・スパング
小林正巳訳
革命期、突如パリに現れたレストラン。なぜ生まれ、なぜ人気のスポットとなったのか？　その秘密を膨大な史料から複合的に描き出す。（関口涼子）

ブラッドランド（上）
ティモシー・スナイダー
布施由紀子訳

ブラッドランド（下）
ティモシー・スナイダー
布施由紀子訳
ウクライナ、ポーランド、ベラルーシ、バルト三国。西側諸国とロシアに挟まれた地で起こった未曾有の惨劇。知られざる歴史を暴く世界的ベストセラー。
民間人死者一四〇〇万。その事実は冷戦下で隠蔽され、さらなる悲劇をもたらした――。圧倒的讃辞を集めた大著、新版あとがきを付して待望の文庫化。

奴隷制の歴史
ブレンダ・E・スティーヴンソン
所康弘訳
全世界に満遍なく存在する奴隷制。その制度のもっとも嫌悪すべき頂点となったアメリカ合衆国の奴隷制を中心に、非人間的な狂気の歴史を綴る。

同時代史
タキトゥス
國原吉之助訳
古代ローマの暴帝ネロ自殺のあと内乱が勃発。絡みあう人間ドラマ、陰謀、凄まじい政争を、臨場感あふれる鮮やかな描写で展開した大古典。（本村凌二）

明の太祖　朱元璋
檀上寛
貧農から皇帝に上り詰め、巨大な専制国家の樹立に成功した朱元璋。十四世紀の中国の社会状況を読み解きながら、元璋を皇帝に導いたカギを探る。

ハプスブルク帝国 1809−1918　A・J・P・テイラー　倉田稔訳

ヨーロッパ最大の覇権を握るハプスブルク帝国。その19世紀初頭から解体までを追う。多民族を抱えつつ外交問題に苦悩した巨大国家の足跡。（大津留厚）

歴史（上）　トゥキュディデス　小西晴雄訳

野望、虚栄、裏切り――古代ギリシアを殺戮の嵐に陥れたペロポネソス戦争とは何だったのか。その全貌を克明に記した、人類最古の本格的「歴史書」。

歴史（下）　トゥキュディデス　小西晴雄訳

多くの「力」のせめぎあいを通して、どのように諸々の政治制度が確立されてきたのか？　透徹した眼差しで激動の古代ギリシア世界を描いた名著。

日本陸軍と中国　戸部良一

中国スペシャリストとして活躍し、日中提携を夢見た男たち。なぜ彼らが、泥沼の戦争へと日本を導くことになったのか。真相を追う。（五百旗頭真）

世界をつくった貿易商人　フランチェスカ・トリヴェッラート　玉木俊明訳

東西インド会社に先立ち新世界に砂糖をもたらし西欧にインドの捺染技術を伝えたディアスポラの民。その商業組織の全貌に迫る。文庫オリジナル。

カニバリズム論　中野美代子

根源的タブーの人肉嗜食や纏足、宦官……。目を背けたくなるものを冷静に論ずることで逆説的に人間の真実に迫る血の滴る異色の人間史。（山田仁史）

インド大反乱一八五七年　長崎暢子

東インド会社の傭兵シパーヒーの蜂起からインド各地へ広がった大反乱。民族独立運動の出発点ともいえるこの反乱は何が支えていたのか。（井坂理穂）

帝国の陰謀　蓮實重彥

一組の義兄弟による陰謀から生まれたフランス第二帝政。「私生児」の義弟が遺した二つのテクストを読解し、近代的現象の本質に迫る。（入江哲朗）

増補 モスクが語るイスラム史　羽田正

モスクの変容――そこには宗教、政治、経済、美術、人々の生活をはじめ、イスラム世界の全歴史が刻み込まれている。その軌跡を色鮮やかに描き出す。

交易の世界史（上）
ウィリアム・バーンスタイン
鬼澤忍訳

絹、スパイス、砂糖……。新奇なもの、希少なものへの欲望が世界を動かし、文明の興亡を左右してきた。数千年にもわたる交易の歴史を一望する試み。

交易の世界史（下）
ウィリアム・バーンスタイン
鬼澤忍訳

交易は人類そのものを映し出す鏡である。圧倒的な繁栄をもたらし、同時に数多の軋轢と衝突を引き起こしてきたその歴史を圧巻のスケールで描き出す。

フランス革命の政治文化
リン・ハント
松浦義弘訳

フランス革命固有の成果は、レトリックやシンボルによる政治言語と文化の創造であった。政治文化とそれを生み出した人々の社会的出自を考察する。

ローマ人の世界
長谷川博隆

古代ローマに暮らしたひとびとは、どのような一日を過ごしていたのか？　カルタゴなどの故地も巡りつつ西洋古代史の泰斗が軽妙に綴る。（田中創）

移民の歴史
C・ハルツィヒ／D・ヘルダー／D・ガバッチア
大井由紀訳

国境を越えた人口移動。その背景には、地球上にくらす人類の、個別複雑な生活誌がある。それを読み解く移民研究を平明に解説した画期的な入門書。

戦争の起源
アーサー・フェリル
鈴木主税／石原正毅訳

人類誕生とともに戦争は始まった。先史時代からアレクサンドロス大王までの壮大なるその歴史をダイナミックに描く。地図・図版多数。（森谷公俊）

近代ヨーロッパ史
福井憲彦

ヨーロッパの近代は、その後の世界を決定づけた。現代をさまざまな面で規定しているヨーロッパ近代の歴史と意味を、平明かつ総合的に考える。

イタリア・ルネサンスの文化（上）
ヤーコプ・ブルクハルト
新井靖一訳

中央集権化がすすみ緻密に構成されていく国家あってこそ、イタリア・ルネサンスは可能となった。ブルクハルト若き日の着想に発した畢生の大著。

イタリア・ルネサンスの文化（下）
ヤーコプ・ブルクハルト
新井靖一訳

緊張の続く国家間情勢の下にあって、類稀な文化と個性的な人物達は生みだされた。近代的な社会に向かう時代の、人間の生活文化様式を描ききる。

メディアの生成　水越伸
無線コミュニケーションから、ラジオが登場する二〇世紀前半。その地殻変動はいかなるもので何を生みだしたかを捉え直す、メディア史の古典。

オリンピア　村川堅太郎
古代ギリシア世界最大の競技祭とはいかなるものであったのか。遺跡の概要から競技精神の盛衰まで、綿密な考証と卓抜な筆致で迫った名著。（橋場弦）

古代地中海世界の歴史　本村凌二／中村るい
メソポタミア、エジプト、ギリシア、ローマ――古代に花開き、密接な交流や抗争をくり広げた文明を一望に見渡し、歴史の躍動を大きくつかむ！

大衆の国民化　ジョージ・L・モッセ　佐藤卓己／佐藤八寿子訳
ナチズムを国民主義の極致ととらえ、フランス革命以降の国民主義の展開を大衆的儀礼やシンボルから考察した、ファシズム研究の橋頭堡。（板橋拓己）

英霊　ジョージ・L・モッセ　宮武実知子訳
第一次大戦の大量死を人々はいかに超克したか。仲間意識・男らしさの称揚、英霊祭祀等が「戦争体験の神話」を構築する様を緻密に描く。（今井宏昌）

ナショナリズムとセクシュアリティ　ジョージ・L・モッセ　佐藤卓己／佐藤八寿子訳
何がリスペクタブルな振舞か。ナチズムへと至る国民主義の高揚の中で、性的領域も正常／異常に分けられていく。セクシュアリティ研究の先駆的著作。

ヴァンデ戦争　森山軍治郎
仏革命政府へのヴァンデ地方の民衆蜂起は、大量殺戮をもって弾圧された。彼らは何を目的に行動したか。凄惨な内戦の実態を克明に描く。（福井憲彦）

増補　十字軍の思想　山内進
欧米社会にいまなお色濃く影を落とす「十字軍」の思想。人々を聖なる戦争へと駆り立てるものとは？その歴史を辿り、キリスト教世界の深層に迫る。

増補　決闘裁判　山内進
名誉のために生命を賭して闘う。中世西洋の決闘裁判とはどのようなものであったか。現代に通じる当事者主義の法精神をそこに見る。（松園潤一朗）

ゴダール革命〔増補決定版〕　蓮實重彦
「失敗の成功」を反復する映画作家が置かれ続けた孤独。それは何を意味するのか。ゴダールへのインタヴューなどを再録増補した決定版。（堀潤之）

美術で読み解く　新約聖書の真実　秦剛平
西洋名画からキリスト教を読む楽しい3冊シリーズ。新約聖書篇は、受胎告知や最後の晩餐などのエピソードが満載。カラー口絵付オリジナル。

美術で読み解く
聖母マリアとキリスト教伝説　秦剛平
キリスト教美術の多くは捏造された物語に基づいていた！　マリア信仰の成立、反ユダヤ主義の台頭など、西洋名画に隠された衝撃の歴史を読む。

美術で読み解く　聖人伝説　秦剛平
聖人100人以上の逸話を収録する『黄金伝説』は、中世以降のキリスト教美術の典拠になった。絵画・彫刻と対照させつつ聖人伝説を読み解く。

イコノロジー研究（上）　エルヴィン・パノフスキー　浅野徹ほか訳
芸術作品を読み解き、その背後の意味と歴史的意識を探求する図像解釈学。人文諸学に汎用されるこの方法論の出発点となった記念碑的名著。

イコノロジー研究（下）　エルヴィン・パノフスキー　浅野徹ほか訳
上巻の、図像解釈学の基礎論的「序論」と「盲目のクピド」等各論に続き、下巻は新プラトン主義と芸術作品の相関に係る論考に詳細な索引を収録。

〈象徴形式《シンボル》〉としての遠近法　エルヴィン・パノフスキー　木田元監訳　川戸れい子／上村清雄訳
透視図法は視覚とは必ずしも一致しない。それはいわばシンボル的な形式なのだ――。世界表象のシステムから解き明かされる、人間の精神史。

見るということ　ジョン・バージャー　飯沢耕太郎監修　笠原美智子訳
写真の登場で、人間は膨大なイメージに取り囲まれ、歴史や経験との対峙を余儀なくされた。見るという行為そのものに肉迫した革新的美術論集。

イメージ　ジョン・バージャー　伊藤俊治訳
イメージが氾濫する現代、「ものを見る」とはどういう意味をもつか。美術史上の名画と広告とを等価に扱い、見ること自体の再検討を迫る名著。

親鸞からの手紙　阿満利麿

現存する親鸞の手紙全42通を年月順に編纂し、現代語訳と解説で構成。これにより、親鸞の人間的苦悩と宗教的深化が、鮮明に現代に立ち現れる。

行動する仏教　阿満利麿

戦争、貧富の差、放射能の恐怖……。このどうしようもない世の中でも、絶望せずに生きてゆける、21世紀にふさわしい新たな仏教の提案。

無量寿経　阿満利麿注解

なぜ阿弥陀仏の名を称えるだけで救われるのか。法然や親鸞がその理解に心血を注いだ経典の本質を、懇切丁寧に説き明かす。文庫オリジナル。

『歎異抄』講義　阿満利麿

参加者の質問に答えながら碩学が一字一句解説した『歎異抄』入門の決定版。読めばなぜ南無阿弥陀仏と称えるだけでいいのかが心底納得できる。

柳　宗　悦　阿満利麿

私財をなげうってまで美しいものの蒐集に奔走した柳宗悦。それほどに柳を駆り立てたのは、美が宗教的救済をもたらすという確信だった。（鈴木照雄）

道元禅師の『典座教訓』を読む　秋月龍珉

「食」における禅の心とはなにか。道元が禅寺の食事係である典座の心構えを説いた一書を現代人の日常の視点で読み解き、禅の核心に迫る。（竹村牧男）

原典訳　アヴェスター　伊藤義教訳

ゾロアスター教の聖典『アヴェスター』から最重要部分を精選。原典から訳出した唯一の邦訳である。比較思想に欠かせない必携書。（前田耕作）

書き換えられた聖書　バート・D・アーマン　松田和也訳

キリスト教の正典、新約聖書。聖書研究の大家がそこに含まれる数々の改竄・誤謬を指摘し、書き換えられた背景とその原初の姿に迫る。（筒井賢治）

カトリックの信仰　岩下壮一

神の知恵への人間の参与とは何か。近代日本カトリシズムの指導者・岩下壮一が公教要理を詳説し、キリスト教の精髄を明かした名著。（稲垣良典）

十牛図　上田閑照／柳田聖山

禅の古典「十牛図」を手引きに、自己と他、自然と人間、自身への関わりを通し、真の自己への道を探る。現代語訳と詳注を併録。（西村惠信）

原典訳　ウパニシャッド　岩本裕編訳

インド思想の根幹であり後の思想の源ともなったウパニシャッド。本書では主要篇を抜粋、梵我一如、輪廻・業・解脱の思想を浮き彫りにする。（立川武蔵）

世界宗教史（全8巻）　ミルチア・エリアーデ

宗教現象の史的展開を膨大な資料を博捜し著された人類の壮大な精神史。エリアーデの遺志にそって共同執筆された諸地域の宗教の巻を含む。

世界宗教史1　ミルチア・エリアーデ　中村恭子訳

人類の原初の宗教的営みに始まり、メソポタミア、古代エジプト、インダス川流域、ヒッタイト、地中海地域、初期イスラエルの諸宗教を収める。

世界宗教史2　ミルチア・エリアーデ　松村一男訳

20世紀最大の宗教学者のライフワーク。本巻はヴェーダの宗教、ゼウスとオリュンポスの神々、ディオニュソス信仰等を収める。（荒木美智雄）

世界宗教史3　ミルチア・エリアーデ　島田裕巳訳

仰韶、竜山文化から孔子、老子までの古代中国の宗教と、バラモン、ヒンドゥー、仏陀とその時代、オルフェウスの神話、ヘレニズム文化などを考察。

世界宗教史4　ミルチア・エリアーデ　柴田史子訳

ナーガールジュナまでの仏教の歴史とジャイナ教から、ヒンドゥー教の総合、ユダヤ教の試練、キリスト教の誕生などを収録。（島田裕巳）

世界宗教史5　ミルチア・エリアーデ　鶴岡賀雄訳

古代ユーラシア大陸の宗教、八—九世紀までのキリスト教、ムハンマドとイスラーム、イスラームと神秘主義、ハシディズムまでのユダヤ教など。

世界宗教史6　ミルチア・エリアーデ　鶴岡賀雄訳

中世後期から宗教改革前夜までのヨーロッパの宗教運動、宗教改革前後における宗教、魔術、ヘルメス主義の伝統、チベットの諸宗教を収録。

世界宗教史7　ミルチア・エリアーデ　奥山倫明／木塚隆志／深澤英隆訳

エリアーデ没後、同僚や弟子たちによって完成された最終巻の前半部。メソアメリカ、インドネシア、オセアニア、オーストラリアなどの宗教。

世界宗教史8　ミルチア・エリアーデ　奥山倫明／木塚隆志／深澤英隆訳

西・中央アフリカ、南・北アメリカの宗教、日本の神道と民俗宗教。啓蒙期以降ヨーロッパの宗教的創造性と世俗化などを収録。全8巻完結。

回教概論　大川周明

最高水準の知性を持つと言われたアジア主義者の力作。イスラム教の成立経緯や、経典などの要旨が的確に記された第一級の概論。　（中村廣治郎）

神社の古代史　岡田精司

古代日本ではどのような神々が祀られていたのか。《祭祀の原像》を求めて、伊勢、宗像、住吉、鹿島など主要な神社の成り立ちや特徴を解説する。

中国禅宗史　小川隆

唐代から宋代において、禅の思想は大きく展開した。各種禅語録を思想史的な文脈に即して読みなおす試み。〈禅の語録〉全二〇巻の「総説」を文庫化。

原典訳 チベットの死者の書　川崎信定訳

死の瞬間から次の生までの間に魂が辿る四十九日の旅——中有（バルドゥ）のありさまを克明に描き、死者に正しい解脱の方向を示す指南の書。

インドの思想　川崎信定

多民族、多言語、多文化。これらを併存させるインドという国を作ってきた考え方とは。ヒンドゥー教や仏教等、主要な思想を案内する恰好の入門書。

旧約聖書の誕生　加藤隆

旧約聖書は多様な見解を持つ文書を寄せ集めて作られた書物である。各文書が成立した歴史的事情から旧約を読み解く。現代日本人のための入門書。

神道　トーマス・カスーリス　衣笠正晃訳　守屋友江監訳

日本人の精神構造に大きな影響を与え、国の運命をも変えてしまった「カミ」の複雑な歴史を、米比較宗教学界の権威が鮮やかに描き出す。

ちくま学芸文庫

中世《ちゅうせい》政治《せいじ》思想《しそう》講義《こうぎ》　ヨーロッパ文化《ぶんか》の原型《げんけい》

二〇二四年七月十日　第一刷発行

著　者　鷲見誠一（すみ・せいいち）

発行者　喜入冬子

発行所　株式会社　筑摩書房
東京都台東区蔵前二―五―三　〒一一一―八七五五
電話番号　〇三―五六八七―二六〇一（代表）

装幀者　安野光雅

印刷所　信毎書籍印刷株式会社

製本所　株式会社積信堂

ISBN978-4-480-51248-2 C0110